Dickens | Der Weihnachtsabend

Charles Dickens

Der Weihnachtsabend

oder

Eine Geistergeschichte zum Christfest

Aus dem Englischen übersetzt
von Hans-Christian Oeser

Reclam

Englischer Originaltitel: *A Christmas Carol in Prose. Being A Ghost Story of Christmas*

RECLAMS UNIVERSAL-BIBLIOTHEK Nr. 14309
2022 Philipp Reclam jun. Verlag GmbH,
Siemensstraße 32, 71254 Ditzingen
Gestaltung: Cornelia Feyll, Friedrich Forssman
Druck und Bindung: EsserDruck Solutions GmbH,
Untere Sonnenstraße 5, 84030 Ergolding
Printed in Germany 2022

ISBN 978-3-15-014309-4

Auch als E-Book erhältlich

www.reclam.de

Gewidmet dir, dem Leser.
Mögen die Geister dich gebührend heimsuchen!

Vorbemerkung

In diesem kleinen Geisterbuch habe ich mich bemüht, den Geist einer Idee zum Leben zu erwecken. Das soll meinen Lesern aber nicht die Laune verderben, weder was sie selbst, ihre Mitmenschen und die Festtage, noch was mich betrifft. Möge er ihre Häuser freundlich heimsuchen und niemand ihn vertreiben wollen.

Ihr getreuer Freund und Diener
C. D.
Dezember 1843

Erste Strophe

Marleys Geist

Marley war tot, dies gleich vorneweg. Daran besteht überhaupt kein Zweifel. Der Eintrag im Begräbnisregister war vom Geistlichen, vom Handlungsgehilfen, vom Leichenbestatter und vom Hauptleidtragenden unterschrieben worden. Ja, Scrooge hatte unterschrieben. Und Scrooges Name war ja auch auf der Börse gut für alles, was er zu unterschreiben beliebte.

Der alte Marley war tot wie ein Türnagel.

Wohlgemerkt, ich will nicht behaupten, aus eigener Kenntnis zu wissen, was an einem Türnagel so besonders tot sein soll. Vielleicht wäre ich geneigt, einen *Sarg*nagel als das toteste Stück Eisenware zu betrachten, das im Handel erhältlich ist. Doch in jenem Vergleich liegt die Weisheit unserer Vorfahren; und meine unheiligen Hände sollen ihn nicht entweihen, sonst wäre es um unser Land geschehen. Sie werden mir daher erlauben, mit Nachdruck zu wiederholen: Marley war tot wie ein Türnagel.

Wusste Scrooge, dass er tot war? Natürlich wusste er es. Wie könnte es auch anders sein? Scrooge und er waren Geschäftspartner gewesen, ich weiß nicht, seit wie vielen Jahren. Scrooge war sein alleiniger Testamentsvollstrecker, sein alleiniger Nachlassverwalter, sein alleiniger Rechtsnachfolger, sein alleiniger Vermächtnisnehmer, sein einziger Freund und der einzige Leidtragende. Und selbst Scrooge war von dem traurigen Vorfall nicht so erschüttert, dass er sich nicht noch am Tag der Beerdigung als ausgezeichneter Geschäftsmann erwiesen und ihn feierlich mit einem zweifellos vorteilhaften Handel begangen hätte.

Die Erwähnung von Marleys Beisetzung führt mich zurück zu meinem Ausgangspunkt. Es besteht kein Zweifel, dass Marley tot war. Das muss man ein für allemal begreifen, sonst hat die Geschichte, die ich erzählen werde, nichts Wunderbares an sich. Wären wir nicht vollkommen überzeugt, dass Hamlets Vater vor Beginn des Stücks gestorben ist, so wäre sein nächtlicher Spaziergang auf dem eigenen Festungswall bei Ostwind nicht bemerkenswerter, als wenn irgendein Gentleman mittleren Alters nach Einbruch der Dunkelheit unversehens an einem windigen Ort auftaucht – sagen wir, auf dem Kirchhof von St. Paul's –, um den schwachen Verstand seines Sohnes in Staunen zu versetzen.

Den Namen des alten Marley ließ Scrooge nie übermalen. Noch Jahre später stand er über der Tür des Lagerhauses: Scrooge & Marley. Die Firma war unter dem Namen Scrooge & Marley bekannt. Manchmal nannten Leute, die neu ins Geschäft kamen, Scrooge Scrooge und manchmal Marley, doch er hörte auf beide Namen. Für ihn war alles ein und dasselbe.

Oh, aber er war ein rechter Geizhals, dieser Scrooge! Ein schröpfender, raffender, klaubender, scharrender, krallender habgieriger alter Sünder! Hart und scharf wie Feuerstein, aus dem noch kein Stahl ein großzügiges Feuer geschlagen hat; in sich gekehrt, abgesondert und verschlossen wie eine Auster. Die Kälte in seinem Innern hatte seine alten Gesichtszüge starr, seine spitze Nase noch spitzer, seine Wangen welk, seinen Gang steif, seine Augen rot und seine dünnen Lippen blau werden lassen – und drückte sich hinterlistig in seiner raspelnden Stimme aus. Auf seinem Kopf, seinen Brauen und seinem kantigen Kinn lag eisiger Reif. Seine frostige Temperatur trug er stets mit sich herum: An den heißen Hundstagen kühlte er sein Büro damit, und zur Weihnachtszeit taute er um kein Grad auf.

Äußere Hitze und Kälte hatten wenig Einfluss auf Scrooge. Keine Wärme konnte ihn erhitzen, kein Winterwetter ihn erkälten. Kein Wind, der wehte, war schneidender, kein fallender Schnee zielstrebiger als er, kein prasselnder Regen weniger offen für flehentliche Bitten. Das miserabelste Wetter wusste nicht, wo es ihn packen konnte. Die heftigsten Regen-, Schnee-, Hagel- oder Graupelschauer vermochten sich ihm gegenüber nur eines Vorzugs rühmen: Sie zeigten sich oft freigebig, Scrooge dagegen nie.

Niemand hielt ihn jemals auf der Straße an, um mit freudiger Miene zu fragen: »Mein lieber Scrooge, wie geht es Ihnen? Wann kommen Sie mich einmal besuchen?« Kein Bettler flehte ihn um eine milde Gabe an, kein Kind fragte ihn nach der Uhrzeit, zeit seines Lebens hatten sich kein Mann und keine Frau bei Scrooge je nach dem Weg erkundigt. Selbst die Blindenhunde schienen ihn zu kennen; und wenn sie ihn kommen sahen, zerrten sie ihre Besitzer in Hauseingänge und Höfe, dann wedelten sie mit dem Schwanz, als wollten sie sagen: »Gar kein Augenlicht ist immer noch besser als ein böser Blick, blindes Herrchen!«

Aber was kümmerte das Scrooge! Genau das gefiel ihm ja. Sich auf den überfüllten Pfaden des Lebens voranzukämpfen und sich alles menschliche Mitgefühl vom Leib zu halten, genau das war, wie die Eingeweihten es nennen, Scrooges »Fimmel«.

Einmal nun geschah es – von allen schönen Tagen des Jahres ausgerechnet am Weihnachtsabend –, dass der alte Scrooge geschäftig in seinem Kontor* saß. Draußen war es trostlos und bitterkalt, neblig obendrein, und er hörte, wie die Leute im Hof schnaufend auf und ab gingen, die Hände vor der Brust zusammenschlugen und mit den Füßen auf den Boden stampften, um sich zu wärmen. Die Uhren der Stadt hatten eben erst drei geschlagen, doch es war schon recht dunkel – den ganzen Tag war es nicht hell geworden –, und in den Fenstern der benachbarten Büros flackerten Kerzen wie rötliche Schlieren durch die zum Greifen dicke, braune Luft. Der Nebel strömte in jeden Spalt und jedes Schlüsselloch und war so undurchdringlich, dass die gegenüberliegenden Häuser, obschon der Hof zu den schmalsten gehörte, bloße Phantome zu sein schienen. Wenn man sah, wie die düstere Wolke sich herabsenkte und alles verfinsterte, hätte man meinen können, die Natur hause ganz in der Nähe und brüte etwas Gewaltiges aus.

Die Tür von Scrooges Kontor stand offen, damit er seinen Handlungsgehilfen im Auge behalten konnte, der in einer tristen kleinen Zelle dahinter, einer Art Kabuff, Briefe abschrieb. Scrooge hatte ein sehr kleines Feuer brennen, doch das Feuer des Handlungsgehilfen war noch viel kleiner; es sah aus, als bestünde es aus einem einzigen Stück Kohle. Aber er konnte nicht nachlegen, denn Scrooge bewahrte den Kohlenkasten in seinem Zimmer auf; und so sicher, wie der Handlungsgehilfe mit der Schaufel hereinkam, drohte ihm sein Herr, ihre Wege würden sich trennen müssen. Weswegen sich der Handlungsgehilfe in seinen weißen Wollschal hüllte und versuchte, sich an der Kerze zu wärmen, was ihm, da er kein Mann von großer Vorstellungskraft war, jedoch missglückte.

»Frohe Weihnachten, Onkel! Gott schütze dich!«, rief eine muntere Stimme. Es war die Stimme von Scrooges Neffen, der so schnell eingetreten war, dass Scrooge ihn erst jetzt bemerkte.

»Pah!«, sagte Scrooge. »Humbug!«

Von dem raschen Gang durch Nebel und Frost war er so erhitzt, dieser Neffe, dass er geradezu glühte; sein hübsches Gesicht war gerötet; seine Augen funkelten, und gleich fing sein Atem wieder an zu dampfen.

»Weihnachten Humbug, Onkel?«, fragte Scrooges Neffe. »Das meinst du doch nicht etwa ernst?«

»Und ob«, sagte Scrooge. »Frohe Weihnachten! Was für ein Recht hast du, froh zu sein? Was für einen Grund hast du, froh zu sein? Arm wie du bist.«

»Ach, komm schon«, erwiderte der Neffe heiter. »Was für ein Recht hast du, trübsinnig zu sein? Was für einen Grund hast du, missmutig zu sein? Reich wie du bist.«

Scrooge, dem spontan keine bessere Antwort einfiel, sagte nur wieder: »Pah!«, und schickte ein »Humbug« hinterher.

»Sei nicht so böse, Onkel!«, sagte der Neffe.

»Was sollte ich sonst sein«, entgegnete der Onkel, »wenn ich in einer Welt voller Narren lebe? Frohe Weihnachten! Hinaus damit! Frohe Weihnachten! Was ist die Weihnachtszeit für dich anderes als eine Zeit, in der du Rechnungen bezahlen musst, ohne Geld zu haben? Eine Zeit, in der du ein Jahr älter, aber keine Stunde reicher geworden bist? Eine Zeit, in der du die Bücher abschließt und feststellst, dass ein Dutzend Monate lang jeder Posten gegen dich spricht? Wenn es nach meinem Willen ginge«, sagte Scrooge entrüstet, »sollte jeder Idiot, der mit ›Frohe Weihnachten‹ auf den Lippen herumläuft, mit seinem eigenen Plumpudding* gekocht und mit einem Stechpalmenstock im Herzen begraben werden. Jawohl!«

»Onkel!«, flehte der Neffe.

»Neffe!«, entgegnete der Onkel streng. »Feiere du Weihnachten auf deine Weise, und lass es mich auf meine Weise feiern.«

»Feiern!«, wiederholte Scrooges Neffe. »Aber du feierst es doch gar nicht.«

»Dann erlaube mir, dass ich nichts damit zu tun haben will«, sagte Scrooge. »Möge es dir viel Gutes bringen! Bisher hat es dir nicht viel Gutes gebracht!«

»Es gibt viele Dinge, die mir Gutes hätten bringen können und von denen ich doch nicht profitiert habe«, erwiderte der Neffe. »Darunter auch Weihnachten. Aber ich bin sicher, dass ich die Weihnachtszeit, wenn sie dann kam – abgesehen von der Verehrung, die ihrem heiligen Namen und Ursprung gebührt; falls man von etwas, das so dazugehört, überhaupt absehen kann –, dass ich sie immer als eine gute Zeit empfunden habe: als eine Zeit der Güte, der Vergebung, der Barmherzigkeit, der Freundlichkeit; als die einzige Zeit im langen Jahreskalender, die ich kenne, in der Männer und Frauen in gegenseitigem Einvernehmen weit ihre verschlossenen Herzen öffnen und an Menschen, die unter ihnen stehen, so zu denken scheinen, als wären diese tatsächlich Gefährten auf dem Weg zum Grab und nicht eine andere Gattung, unterwegs zu anderen Zielen. Und deshalb, Onkel, auch wenn mir die Weihnachtszeit nie ein Stück Gold oder Silber zugesteckt hat, glaube ich, dass sie mir Gutes gebracht *hat* und weiterhin Gutes bringen *wird*, und ich sage, Gott segne sie!«

Aus seinem Kabuff heraus spendete der Handlungsgehilfe unbedacht Beifall. Als er sich der Ungehörigkeit dieser Geste bewusst wurde, stocherte er hastig in der Glut und löschte den letzten schwachen Funken für immer.

»Sollte ich von *Ihnen* noch einen Ton hören«, sagte Scrooge, »werden Sie Weihnachten mit dem Verlust Ihrer Stellung feiern! Du bist ein recht gewaltiger Redner, mein Junge«, setzte er, an seinen Neffen gewandt, hinzu. »Ich frage mich, warum du nicht Parlamentsabgeordneter wirst.«

»Sei nicht ärgerlich, Onkel. Komm! Iss morgen mit uns zu Abend.«

Scrooge sagte, eher sehe er ihn in der – ja, diese Worte sprach er wirklich! Er führte den Satz zu Ende und sagte, eher sehe er ihn in jenem Schlund* wieder.

»Aber warum?«, rief Scrooges Neffe. »Warum?«

»Warum hast du geheiratet?«, fragte Scrooge.

»Weil ich mich verliebt habe.«

»Weil du dich verliebt hast!«, knurrte Scrooge, als wäre dies das Einzige auf der Welt, was noch lächerlicher war als frohe Weihnachten. »Einen schönen Tag noch!«

»Aber, Onkel, du hast mich auch davor nie besucht. Warum also das als Grund dafür angeben, dass du mich jetzt nicht besuchen willst?«

»Schönen Tag noch«, sagte Scrooge.

»Ich will nichts von dir; ich verlange nichts von dir; warum können wir nicht einfach Freunde sein?«

»Schönen Tag!«, sagte Scrooge.

»Ich bedauere von ganzem Herzen, dass du so halsstarrig bist. Es hat nie einen Streit zwischen uns gegeben, an dem ich beteiligt gewesen wäre. Aber Weihnachten zu Ehren habe ich einen Versuch unternommen und werde meine Weihnachtslaune bis zuletzt beibehalten. Also frohe Weihnachten, Onkel!«

»Schönen Tag!«, sagte Scrooge.

»Und ein glückliches neues Jahr!«

»Schönen Tag!«, sagte Scrooge.

Dessen ungeachtet verließ sein Neffe das Zimmer ohne ein böses Wort. An der Außentür blieb er stehen, um auch dem Handlungsgehilfen Weihnachtsgrüße zu übermitteln, der, sosehr es ihn fröstelte, wärmer war als Scrooge – denn er erwiderte sie herzlich.

»Noch so ein Kerl«, murmelte Scrooge, der ihn gehört hatte. »Mein Handlungsgehilfe, fünfzehn Schilling die Woche, Frau und Kinder, und redet über frohe Weihnachten. Ich komme noch ins Irrenhaus.«

Dieser Verrückte hatte, indem er Scrooges Neffen hinausließ, zwei andere Personen hereingelassen. Es waren beleibte Gentlemen, angenehm anzuschauen, die nun mit gezogenem Hut in Scrooges Büro standen. Sie hielten Bücher und Papiere in den Händen und verbeugten sich vor ihm.

»Scrooge & Marley, wenn ich nicht irre«, sagte einer der Gentlemen und deutete auf seine Liste. »Habe ich das Vergnügen, mit Mr Scrooge oder mit Mr Marley zu sprechen?«

»Mr Marley ist seit sieben Jahren tot«, antwortete Scrooge. »Er starb vor sieben Jahren, genau an diesem Abend.«

»Wir zweifeln nicht, dass sein überlebender Partner seine Freigebigkeit gut vertreten wird«, sagte der Gentleman und überreichte sein Empfehlungsschreiben.

Das traf wohl zu, waren sie doch Seelenverwandte gewesen. Bei dem ominösen Wort »Freigebigkeit« jedoch runzelte Scrooge die Stirn, schüttelte den Kopf und gab das Empfehlungsschreiben zurück.

»Zu dieser festlichen Jahreszeit, Mr Scrooge«, sagte der Gentleman und zückte einen Federhalter, »ist es noch wünschenswerter als sonst, dass wir ein wenig Vorsorge treffen für die Armen und Bedürftigen, die gegenwärtig sehr zu leiden haben. Vielen Tausenden fehlt es am Nötigsten; Hunderttausenden fehlt es an den einfachsten Annehmlichkeiten, Sir.«

»Gibt es keine Gefängnisse?«, fragte Scrooge.

»Jede Menge Gefängnisse«, sagte der Gentleman und legte den Federhalter wieder weg.

»Und die Armenhäuser?«, wollte Scrooge wissen. »Sind sie noch in Betrieb?«

»Das sind sie. Dennoch«, erwiderte der Gentleman, »wünschte ich, das Gegenteil sagen zu können.«

»Tretmühle* und Armengesetz* haben also weiterhin volle Geltung?«, fragte Scrooge.

»Beide finden große Anwendung, Sir.«

»Oh! Freut mich sehr, das zu hören«, sagte Scrooge. »Nach dem, was Sie eingangs sagten, befürchtete ich schon, es sei etwas vorgefallen, was sie in ihrer nützlichen Tätigkeit aufhalten könnte.«

»Unter dem Eindruck, dass sie der breiten Volksmasse schwerlich christliche Heiterkeit an Leib und Seele vermitteln«, erwiderte der Gentleman, »bemühen sich einige von uns, Spenden zu sammeln, um den Armen etwas zu essen und zu trinken zu geben und ihnen wärmende Kleidung zu beschaffen. Wir haben diese Zeit gewählt, weil sie genau die Zeit ist, da der Mangel am stärksten spürbar wird und der Überfluss frohlockt. Was darf ich von Ihnen erwarten?«

»Nichts!«, erwiderte Scrooge.

»Sie wünschen, anonym zu bleiben?«

»Ich wünsche, in Ruhe gelassen zu werden«, sagte Scrooge. »Wenn Sie schon fragen, was ich wünsche, Gentlemen – das ist meine Antwort. Ich selbst feiere Weihnachten nicht und kann es mir nicht leisten, Müßiggängern das Feiern zu ermöglichen. Ich beteilige mich daran, die erwähnten Einrichtungen zu unterstützen – die kosten genug; und wem es schlecht geht, der muss sich eben dorthin wenden.«

»Viele können sich nicht dorthin wenden. Und viele würden lieber sterben.«

»Wenn sie lieber sterben wollen«, sagte Scrooge, »sollten sie es doch einfach tun und so den Bevölkerungsüberschuss verringern*. Außerdem – Sie entschuldigen – verstehe ich nichts davon.«

»Aber Sie könnten etwas davon verstehen«, bemerkte der Gentleman.

»Es geht mich nichts an«, erwiderte Scrooge. »Es genügt, dass man etwas von seinem eigenen Geschäft versteht und sich nicht in das anderer Leute einmischt. Das meinige nimmt mich unentwegt in Anspruch. Schönen Nachmittag noch, Gentlemen!«

Die Gentlemen sahen ein, dass es zwecklos war, ihr Anliegen weiterzuverfolgen, und zogen sich zurück. Scrooge nahm seine Arbeit wieder auf, mit einer höheren Meinung von sich selbst und in besserer Stimmung als gewöhnlich.

Unterdessen hatten sich Nebeldunst und Dunkelheit so sehr verdichtet, dass Leute mit brennenden Fackeln umherliefen und sich erboten, Kutschen voranzugehen und ihren Pferden derart den Weg zu weisen. Der verfrorene alte Turm einer Kirche, dessen schroffe alte Glocke durch ein gotisches Fenster in der Mauer stets verstohlen auf Scrooge herabblickte, wurde unsichtbar und schlug die Stunden und Viertelstunden hoch oben in den Wolken – mit zitternden Schwingungen, geradeso als klapperten ihm die Zähne. Die Kälte nahm zu. In der Hauptstraße an der Ecke des Hofes waren einige Arbeiter damit beschäftigt, die Gasleitungen auszubessern; in einem Kohlenbecken hatten sie ein großes Feuer entzündet, um das sich eine Gruppe zerlumpter Männer und Jungen drängte, die sich die Hände wärmten und verzückt in die Flammen blinzelten. Aus einer vernachlässigten Entnahmestelle trat Wasser aus, das mürrisch gefror und zu misanthropischem Eis wurde. Der Glanz der Ladenfenster, in deren Lampenwärme Stechpalmenzweige und -beeren knisterten, rötete die bleichen Gesichter der Passanten. Das Gewerbe der Geflügel- und Kolonialwarenhändler geriet zu einem prächtigen Spaß, einem glorreichen Spektakel, bei dessen Anblick man fast nicht glauben wollte, dass solch langweilige Gesetzmäßigkeiten wie Kauf und Verkauf irgendetwas damit zu tun haben könnten. In der mächtigen Festung seines Amtssitzes gab der Oberbürgermeister seinen fünfzig Köchen und Butlern die Anweisung, Weihnachten so zu feiern, wie es sich für den Haushalt eines Oberbürgermeisters schickt. Und selbst der kleine Schneider, den er am Montag zuvor mit einer Geldstrafe von fünf Schilling belegt hatte, weil er sich betrunken und mordlustig auf den Straßen herumgetrieben hatte, rührte in seiner Dachstube den Weihnachtspudding für den kommenden Tag an, während seine magere Frau mit dem Säugling hinausging, um den Rinderbraten zu besorgen.

Es wurde noch nebliger und kälter. Eine durchdringende, stechende, schneidende Kälte. Hätte der brave heilige

Dunstan* dem Bösen Geist mit nur einem winzigen Hauch derartigen Wetters in die Nase gezwickt, statt seine gewohnten Waffen zu gebrauchen, so wäre dieser gewiss in gellendes Geschrei ausgebrochen. Der Besitzer einer dünnen jungen Nase, von der hungrigen Kälte so zerknabbert und zernagt, wie Knochen von Hunden zernagt werden, beugte sich hinab zu Scrooges Schlüsselloch, um ihn mit einem Weihnachtslied zu erfreuen. Doch beim ersten Ton von

Gott segne Euch, mein lust'ger Herr!
Nichts soll Euch noch erschüttern!

griff Scrooge mit einer so heftigen Bewegung nach seinem Lineal, dass der Sänger entsetzt floh und das Schlüsselloch dem Nebel und dem noch besser zu Scrooge passenden Frost überließ.

Endlich kam die Stunde, da das Kontor zugesperrt werden sollte. Widerstrebend erhob sich Scrooge von seinem Stuhl – damit gestand er dem erwartungsvollen Handlungsgehilfen in seinem Kabuff stillschweigend zu, dass jetzt Büroschluss war. Der löschte sogleich seine Kerze und setzte seinen Hut auf.

»Sie wollen sich morgen wohl den ganzen Tag freinehmen?«, fragte Scrooge.

»Wenn es Ihnen genehm ist, Sir.«

»Es ist mir nicht genehm«, sagte Scrooge, »und es ist auch nicht recht. Wenn ich Ihnen eine halbe Krone dafür berechne, werden Sie sich gewiss schlecht behandelt fühlen?«

Der Handlungsgehilfe lächelte schwach.

»Allerdings glauben Sie nicht«, sagte Scrooge, »dass *ich*

mich schlecht behandelt fühle, wenn ich Ihnen für keine Arbeit einen vollen Tageslohn zahle.«

Der Handlungsgehilfe führte an, dies geschehe nur einmal im Jahr.

»Eine schlechte Ausrede, um einem Mann an jedem fünfundzwanzigsten Dezember Geld aus der Tasche zu ziehen«, sagte Scrooge und knöpfte seinen Überrock bis zum Kinn zu. »Aber Sie werden sich wohl den ganzen Tag freinehmen müssen. Seien Sie am nächsten Morgen umso früher hier.«

Der Handlungsgehilfe versprach es ihm, und mit einem Knurren ging Scrooge hinaus. Das Büro wurde augenblicklich geschlossen, und der Handlungsgehilfe, dem die langen Enden seines weißen Wollschals bis unter die Taille baumelten (denn er konnte sich keines Überrocks rühmen), rutschte dem Weihnachtsabend zu Ehren als Letzter in einer Horde von Jungen den Cornhill auf einer Eisbahn hinab, ganze zwanzigmal, und rannte dann so schnell er konnte heim nach Camden Town*, um Blindekuh zu spielen.

Scrooge nahm sein melancholisches Abendessen in seiner gewohnten melancholischen Schenke ein, und nachdem er alle Zeitungen gelesen und den Rest des Abends mit seinem Bankbuch zugebracht hatte, ging er nach Hause und zu Bett. Er bewohnte die Räumlichkeiten, die einst seinem verstorbenen Partner gehört hatten. Es handelte sich um eine düstere Zimmerflucht, die sich in einem finsteren Gebäude oben auf einem Hof befand, wo es so fehl am Platz war, dass man sich des Eindrucks nicht erwehren konnte, es habe sich als junges Haus beim Versteckspiel mit anderen Häusern dorthin verlaufen und nicht wieder hinausgefunden. Inzwischen war es recht alt und recht trostlos, denn außer Scrooge wohnte niemand darin. Alle anderen Zimmer wurden als Büroräume vermietet. Der Hof war so dunkel, dass selbst Scrooge, der jeden Stein kannte, sich gern mit den Händen vorantastete. Die alte schwarze Haustür war so mit Nebel und Frost verhangen, dass es den Anschein hatte, als säße in schwermütigem Grübeln der Wettergeist höchstpersönlich auf der Schwelle.

Nun lässt es sich nicht abstreiten, dass der Klopfer an der Tür, von seiner Größe einmal abgesehen, nichts Besonderes an sich hatte. Ebenso richtig ist, dass Scrooge diesen Klopfer seit seinem Einzug bei Tag wie auch bei Nacht gesehen hatte. Und genauso unstrittig ist es, dass Scrooge von dem, was man Vorstellungskraft nennt, so wenig besaß wie sonst niemand in London, einschließlich – ein gewagter Ausspruch! – der Gemeindeverwaltung, der Ratsherren und der Gilden. Auch sollten wir berücksichtigen, dass Scrooge seit der letzten Erwähnung seines vor sieben Jahren verstorbenen Partners an diesem Nachmittag keinen einzigen Gedanken an Marley verschwendet hatte. Und nun möge mir jemand erklären – wenn er es denn kann –, wie es dazu kam, dass Scrooge, als er den Schlüssel ins Schloss steckte, in dem Türklopfer, ohne dass dieser einer zwischenzeitlichen Verwandlung unterworfen worden wäre, nicht etwa einen Türklopfer erblickte, sondern Marleys Gesicht.

Marleys Gesicht. Es lag nicht in undurchdringlichem Dunkel wie die anderen Gegenstände im Hof, sondern war von trübem Licht umhüllt, wie ein verdorbener Hummer in einem finsteren Keller. Es blickte nicht zornig oder grimmig, sondern sah Scrooge so an, wie Marley ihn immer angesehen hatte: die gespenstische Brille auf die gespenstische Stirn geschoben. Das Haar sonderbar aufgewühlt, wie von Atem oder von heißer Luft, und die Augen, obzwar weit aufgerissen, vollkommen reglos. Dies und seine Blässe machten das Gesicht grauenerregend, doch das Grauen schien außerhalb des Gesichts und außerhalb seiner Kontrolle zu liegen, statt Teil seines Ausdrucks zu sein.

Scrooge starrte das Phänomen unverwandt an – da war es plötzlich wieder ein Türklopfer.

Zu behaupten, diese grausige und seit Kindertagen nicht mehr verspürte Empfindung habe ihn nicht schaudern oder das Blut in seinen Adern gefrieren lassen, hieße die Unwahrheit sagen. Und doch legte er die Hand auf den Schlüssel, den er losgelassen hatte, drehte ihn entschlossen um, trat ein und entzündete seine Kerze.

Allerdings hielt er einen Moment unschlüssig inne, bevor er die Tür zudrückte, und spähte zunächst vorsichtig hinter die Tür, als rechne er fast damit, von Marleys in den Hausflur ragendem Zopf geängstigt zu werden. Indes war hinter der Tür nichts zu sehen außer den Schrauben und Muttern, mit denen der Klopfer befestigt war, und so sagte er: »Puh! Puh!« und schlug die Tür mit einem Knall zu.

Das Geräusch hallte wie ein Donnerschlag durchs Haus. Jedes Zimmer oben und jedes Fass in den Kellern des Weinhändlers unten schien mit einem eigenen dröhnenden Echo zu antworten. Scrooge war aber nicht der Mann, der sich von Echos einschüchtern ließ. Er verriegelte die Tür, ging den Hausflur entlang und die Treppe hinauf, und zwar langsam, weil er im Gehen den Docht seiner Kerze putzte.

Es heißt ja manchmal, man könne seinen mit sechs Pferden bespannten Wagen eine gute alte Treppenflucht hinauf oder durch ein schlechtes neues Parlamentsgesetz* jagen.

Ich aber will sagen, auch mit einem Leichenwagen wäre man diese Treppe hinaufgekommen, und zwar der Quere nach, mit dem Ortscheit zur Wand und der Tür zum Geländer hin, und es wäre ein Leichtes gewesen. Die Treppe war breit genug dafür, und es wäre immer noch Platz übrig geblieben – vielleicht glaubte Scrooge ja deshalb, einen selbstfahrenden Leichenwagen vor sich in der Finsternis zu sehen. Selbst ein halbes Dutzend Gaslaternen auf der Straße hätte den Eingang nicht sonderlich gut ausgeleuchtet, und so darf man vermuten, dass es beim Schein von Scrooges Funzel ziemlich dunkel war.

Scrooge ging hinauf, ohne sich einen Deut darum zu scheren. Dunkelheit ist preiswert, und das gefiel Scrooge. Doch bevor er seine schwere Wohnungstür schloss, durchschritt er die Zimmer, um nachzuschauen, ob alles in Ordnung sei. Die Erinnerung an das Gesicht war gerade stark genug, um diesem Bedürfnis nachzugeben.

Wohnstube, Schlafzimmer, Abstellkammer. Alles so, wie es sein sollte. Niemand unter dem Tisch, niemand unter dem Sofa; ein kleines Feuer auf dem Rost; Löffel und Schale standen bereit; und auf dem Herd der kleine Topf mit Hafergrütze (Scrooge hatte Schnupfen). Niemand unter dem Bett, niemand im Schrank, niemand in seinem Schlafrock, der in verdächtiger Pose an der Wand hing. Die Abstellkammer wie immer. Das alte Kamingitter, die alten Schuhe, zwei Fischbräter, ein dreibeiniger Waschtisch und ein Schürhaken.

Zufrieden machte er die Tür zu und schloss sich ein; schloss sich sogar doppelt ein, was nicht seiner Gewohnheit entsprach. So gegen Überraschungen gefeit, legte er seine Halsbinde ab, zog seinen Schlafrock und seine Pantoffeln an, setzte seine Nachtmütze auf und nahm vor dem Feuer Platz, um seine Grütze zu löffeln.

Es war in der Tat ein sehr niedriges Feuer, in einer so bitterkalten Nacht ein wahres Nichts. Er musste sich dicht davorsetzen, sich geradezu hineinbeugen, um dieser Handvoll Brennmaterial auch nur das geringste Gefühl von Wärme zu entlocken. Der Kamin war alt, vor langer Zeit von einem holländischen Kaufmann erbaut, ringsum mit kuriosen holländischen Kacheln versehen, die die Heilige Schrift illustrieren sollten. Da waren Kains und Abels, Pharaonentöchter, Königinnen von Saba, Engelsboten, die auf Wolken wie auf Federbetten durch die Lüfte schwebten, Abrahams, Belsazars, Apostel, die in Saucieren zur See fuhren, Hunderte von Figuren, die seine Gedanken in Wallung hätten bringen können – und doch erschien ihm, wie der Stab des alten Propheten, das Gesicht des vor sieben Jahren verstorbenen Marley und verschluckte das Ganze. Wären die glatten Kacheln unbemalt gewesen und hätten die Macht besessen, aus den unzusammenhängenden Bruchstücken seiner Gedanken *ein* Bild auf ihre Oberfläche zu zaubern, er hätte auf jeder von ihnen den Kopf des alten Marley erblickt.

»Humbug!«, sagte Scrooge und ging durch das Zimmer.

Nachdem er mehrere Male auf und ab gegangen war, setzte er sich wieder in den Sessel. Als er den Kopf zurückwarf, fiel sein Blick auf eine Glocke, eine ausgediente Glocke, die im Zimmer hing und zu irgendeinem längst vergessenen Zweck mit einer Kammer im obersten Stockwerk des Gebäudes verbunden war. Und während er hinblickte, sah er zu seinem großem Erstaunen und mit einem seltsamen, unerklärlichen Schauder, wie die Glocke zu schwingen begann. Anfangs schwang sie so sachte, dass sie kaum einen Ton von sich gab, doch schon bald erschallte sie ganz laut, und sämtliche Glocken im Haus taten es ihr nach.

Das mochte eine halbe Minute, vielleicht eine Minute gedauert haben, ihm aber kam es vor wie eine Stunde. Die Glocken hörten auf, wie sie begonnen hatten: alle auf einmal. Von tief unten folgte ein rasselndes Geräusch, als schleife jemand eine schwere Kette über die Fässer im Keller des Weinhändlers. Da erinnerte sich Scrooge, gehört zu haben, dass Geister, die in Häusern spuken, Ketten hinter sich herschleifen.

Dröhnend flog die Kellertür auf, und nun hörte er das Geräusch viel lauter, erst in den Stockwerken unter ihm, dann, wie es die Treppe heraufkam, und schließlich, wie es geradewegs auf seine Tür zuhielt.

»Immer noch Humbug!«, sagte Scrooge. »Ich will es nicht glauben.«

Doch sein Gesicht verfärbte sich, als Es, ohne innezuhalten, vor seinen Augen durch die schwere Tür und ins Zimmer trat. Bei seinem Eintreten flammte das sterbende Kaminfeuer auf, als wollte es rufen: »Ich kenne ihn: Marleys Geist!«, und sank wieder in sich zusammen.

Dasselbe Gesicht, genau dasselbe. Marley mit seinem Zopf, der gewohnten Weste, Strumpfhose und seinen Stiefeln, deren Quasten sich ebenso sträubten wie sein Zopf, seine Rockschöße und die Haare auf seinem Kopf. Die Kette, die er hinter sich herschleppte, hatte er um die Taille geschlungen. Sie war lang und umwand ihn wie ein Schwanz; und sie bestand (denn Scrooge musterte sie eingehend) aus Geldkassetten, Schlüsseln, Vorhängeschlössern, Hauptbüchern, Urkunden und schweren, stahlbeschlagenen Geldbörsen. Sein Körper war durchsichtig, sodass Scrooge, als er ihn betrachtete, durch die Weste hindurchschauen und die beiden Knöpfe hinten an seinem Rock sehen konnte.

Scrooge hatte oft sagen hören, Marley habe kein Herz, doch bis dahin hatte er es nie geglaubt.

Nein, auch jetzt glaubte er es nicht. Obwohl er durch das Phantom hindurchblicken konnte und es vor sich stehen sah, obwohl er die frostige Wirkung seiner leichenkalten Augen spürte und sogar die Webart des um Kopf und Kinn gewickelten Tuches bemerkte, das ihm zunächst entgangen war, blieb er skeptisch und kämpfte gegen seine Sinne an.

»Wie jetzt?«, fragte Scrooge, bissig und kalt wie immer. »Was willst du von mir?«

»Viel!« – Marleys Stimme, kein Zweifel.

»Wer bist du?«

»Frage mich, wer ich *war.*«

»Wer *warst* du?«, fragte Scrooge und hob die Stimme. »Du bist ja ein ganz besonderer Geist.« Er hätte fast »ein ganz besonders spitzfindiger Geist« gesagt, empfand dies dann aber doch als unangemessen.

»Im Leben war ich dein Partner, Jacob Marley.«

»Kannst du – kannst du dich setzen?«, fragte Scrooge und sah ihn zweifelnd an.

»Das kann ich.«

»Dann tu's.«

Scrooge hatte die Frage gestellt, weil er nicht wusste, ob ein so durchsichtiger Geist imstande war, in einem Sessel Platz zu nehmen, und weil er für den Fall, dass dies nicht möglich war, eine peinliche Erklärung hätte abgeben müssen. Indes setzte sich der Geist auf die gegenüberliegende Seite des Kamins, als sei er nichts anderes gewohnt.

»Du glaubst nicht an mich«, bemerkte der Geist.

»Nein«, antwortete Scrooge.

»Welchen Beweis für meine Existenz hättest du außer deinen Sinnen?«

»Ich weiß nicht«, sagte Scrooge.

»Weshalb zweifelst du an deinen Sinnen?«

»Weil schon eine Kleinigkeit sie beeinträchtigt«, sagte Scrooge. »Eine leichte Magenverstimmung macht sie zu Betrügern. Du könntest ein unverdauter Bissen Rindfleisch sein, ein Klacks Senf, ein Krümel Käse, ein Stückchen halb gare Kartoffel. Was immer du bist, an dir ist mehr Grütze als Grab!«

Scrooge war es nicht gewohnt, Witze zu reißen, und im Grunde seines Herzens fühlte er sich auch kaum zu Scherzen aufgelegt. In Wahrheit versuchte er, gewieft zu wirken, um sich abzulenken und um sein Entsetzen zu unterdrücken – denn die Stimme der Spukgestalt war ihm in die Knochen gefahren.

Stumm dazusitzen und auch nur einen Moment in diese starren, glasigen Augen zu blicken hieße, so empfand Scrooge, Schindluder mit sich treiben zu lassen. Es hatte aber auch wirklich etwas Grauenvolles an sich, dass die Spukgestalt mit einem ganz eigenen teuflischen Dunstkreis ausgestattet war. Zwar konnte Scrooge diesen als solchen nicht spüren, aber es war so: Denn obgleich der Geist vollkommen reglos dasaß, waren seine Haare, Rockschöße und Stiefelquasten noch immer aufgewühlt, wie von heißem Dampf aus einem Ofen.

»Siehst du diesen Zahnstocher?«, fragte Scrooge, indem er aus dem eben angegebenen Grund rasch wieder zum Angriff überging und den steinernen Blick des Trugbilds von sich ablenken wollte, und sei es nur für eine Sekunde.

»Ja«, antwortete der Geist.

»Du schaust ja gar nicht hin«, sagte Scrooge.

»Aber ich sehe ihn trotzdem«, sprach der Geist.

»Nun«, erwiderte Scrooge, »ich brauche ihn nur zu verschlucken und werde für den Rest meines Lebens von einer Legion Kobolde verfolgt werden, alle von mir selbst erschaffen. Humbug, sage ich dir! Humbug!«

Bei diesen Worten stieß das Wesen einen grässlichen Schrei aus und rasselte so beängstigend laut mit der Kette, dass Scrooge sich an seinem Sessel festhalten musste, um nicht in Ohnmacht zu sinken. Doch wie viel größer war sein Entsetzen, als das Phantom, als wäre es zu warm im Zimmer, das Tuch um seinen Kopf abnahm und ihm daraufhin die Kinnlade herunterklappte!

Scrooge fiel auf die Knie und schlug die Hände vors Gesicht.

»Erbarmen!«, sagte er. »Du schreckliche Erscheinung, warum quälst du mich?«

»Du Mensch mit irdischem Verstand«, antwortete der Geist, »glaubst du an mich oder nicht?«

»Ich glaube«, sagte Scrooge. »Ich muss glauben. Aber wieso wandeln Geister auf der Erde, und wieso suchen sie mich heim?«

»Von jedem Menschen wird verlangt«, erwiderte der Geist, »dass seine Seele unter seinen Mitmenschen umhergehe und in die Ferne reise; und tut sie es nicht im Leben, so ist sie dazu verdammt, es nach dem Tode zu tun. Sie ist dazu verurteilt, die Welt zu durchwandern – ach, weh mir! – und zu durchleben, woran sie nicht teilhaben kann, woran sie auf Erden aber hätte teilhaben und was sie zu ihrem Glück hätte wenden können!«

Wieder stieß die Spukgestalt einen Schrei aus, rasselte mit der Kette und rang die schattenhaften Hände.

»Du bist gefesselt«, sagte Scrooge zitternd. »Sage mir, warum?«

»Ich trage die Kette, die ich im Leben geschmiedet«, antwortete der Geist. »Ich habe sie Glied für Glied und Meter für Meter geschmiedet; aus freien Stücken habe ich sie mir umgehängt und aus freien Stücken getragen. Ist ihre Machart *dir* so fremd?«

Scrooge wurde immer banger.

»Oder kennst du«, fuhr der Geist fort, »Gewicht und Länge der starken Kette, die du selbst zu tragen hast? Schon vor sieben Weihnachtsabenden war sie so schwer und lang wie diese. Seitdem hast du an ihr gearbeitet. Es ist eine massive Kette!«

Scrooge blickte sich auf dem Fußboden um, in der Erwartung, von einer ungefähr hundert Meter langen eisernen Kette umschlungen zu sein, sah aber nichts.

»Jacob«, sagte er inständig. »Alter Jacob Marley, erzähl mir mehr. Sprich mir Trost zu, Jacob!«

»Ich kann dir keinen Trost zusprechen«, antwortete der Geist. »Der kommt aus anderen Gefilden, Ebenezer Scrooge, und wird Menschen anderen Schlages von anderen Boten gespendet. Ich darf dir auch nicht sagen, was ich sagen möchte. Mir ist nur wenig mehr vergönnt. Ich kann nicht ruhen, ich kann nicht rasten, ich kann nirgendwo verweilen. Meine Seele ist nie über unser Kontor hinausgelangt – lass dir das gesagt sein –, im Leben ist meine Seele nie über die engen Grenzen unserer Geldwechselhöhle hinausgewandert; und so stehen mir beschwerliche Reisen bevor!«

Scrooge hatte die Angewohnheit, immer dann, wenn er nachdenklich wurde, die Hände in die Hosentaschen zu stecken. Als er darüber nachdachte, was der Geist gesagt hatte, tat er es auch jetzt wieder, doch ohne die Augen zu heben oder von den Knien aufzustehen.

»Du musst sehr langsam zu Werk gegangen sein, Jacob«, bemerkte Scrooge ganz geschäftsmäßig, wenngleich voller Demut und Ehrerbietung.

»Langsam!«, wiederholte der Geist.

»Seit sieben Jahren tot«, grübelte Scrooge. »Und die ganze Zeit gereist!«

»Die ganze Zeit«, sprach der Geist. »Keine Ruhe, keine Rast. Unaufhörliche Qualen der Reue.«

»Du reist schnell?«, fragte Scrooge.

»Auf den Schwingen des Windes«, antwortete der Geist.

»In sieben Jahren musst du weite Strecken zurückgelegt haben«, sagte Scrooge.

Als der Geist dies hörte, stieß er einen neuerlichen Schrei aus, und in der Totenstille der Nacht rasselte er so abscheulich mit seiner Kette, dass ihn die Wache zu Recht wegen öffentlicher Ruhestörung hätte anzeigen können.

»Ach! Gefangen, gefesselt und doppelt in Eisen gelegt«, rief das Phantom. »Nicht zu wissen, dass ganze Zeitalter unablässiger Mühsal, verrichtet durch unsterbliche Geschöpfe, vergehen müssen, eh das Gute, für das die Erde empfänglich ist, sich voll entfalten kann. Nicht zu wissen, dass jede christliche Seele, die freundlich in ihrer kleinen Sphäre wirkt – welche diese auch immer sein mag – feststellen wird, wie kurz ihr Erdenleben bemessen ist angesichts der ungeheuren Möglichkeiten, sich nützlich zu machen. Nicht zu wissen, dass kein noch so großes Bedauern die Versäumnisse eines Lebens wettmachen kann! Doch so war ich! Ach, so war ich!«

»Aber du warst stets ein guter Geschäftsmann, Jacob«, stammelte Scrooge, der inzwischen begann, dies alles auf sich zu beziehen.

»Geschäftsmann!«, rief der Geist und rang erneut die Hände. »Mein Geschäft war die Menschheit. Mein Geschäft war das Gemeinwohl. Mein Geschäft waren Nächstenliebe, Barmherzigkeit, Nachsicht und Mildtätigkeit. Was ich in meinem Gewerbe tat, war nur ein Tropfen Wasser im weiten Ozean meines Geschäfts!«

Er hielt seine schwere Kette auf Armeslänge von sich, als sei sie die Ursache seines ganzen vergeblichen Kummers, und schleuderte sie wieder zu Boden.

»Um diese Zeit im Jahresverlauf«, sprach die Spukgestalt, »leide ich am meisten. Warum nur senkte ich, wenn ich durch die Menge meiner Mitmenschen schritt, meinen Blick und erhob ihn nie zu jenem gesegneten Stern, der die Weisen aus dem Morgenland zu einer armseligen Bleibe führte! Gab es denn keine armseligen Bleiben, zu denen sein Licht *mich* geführt hätte?«

Scrooge war bestürzt, als er die Spukgestalt so weiterreden hörte, und begann über die Maßen zu zittern.

»Höre mich an!«, rief der Geist. »Meine Zeit ist fast um.«

»Das werde ich«, sagte Scrooge. »Aber geh nicht so hart mit mir ins Gericht! Rede nicht so blumig, Jacob! Bitte!«

»Wie es dazu kommt, dass ich dir in einer Gestalt erscheine, die du sehen kannst, darf ich nicht sagen. Viele, viele Tage habe ich unsichtbar neben dir gesessen.«

Das war keine angenehme Vorstellung. Scrooge schauderte und wischte sich den Schweiß von der Stirn.

»Dieser Teil meiner Sühne ist nicht leicht«, fuhr der Geist fort. »Heute Abend bin ich hier, um dich zu warnen, dass du nur noch *eine* Gelegenheit und *eine* Hoffnung hast, meinem Schicksal zu entgehen. Eine Gelegenheit und eine Hoffnung, die ich dir verschaffe, Ebenezer.«

»Du warst mir immer ein guter Freund«, sagte Scrooge. »Ich danke dir!«

»Heimgesucht werden wirst du«, fuhr der Geist fort, »von drei Wesen.«

Scrooges Kinnlade klappt fast so tief herunter wie zuvor die des Geistes.

»Ist das die Gelegenheit und die Hoffnung, die du erwähnt hast, Jacob?«, fragte er mit stockender Stimme.

»Ja.«

»Ich – ich glaube, lieber nicht«, sagte Scrooge.

»Ohne ihr Kommen«, sprach der Geist, »kannst du nicht hoffen, den Weg zu umgehen, den ich beschreiten muss. Erwarte das erste Wesen morgen, wenn die Glocke eins schlägt.«

»Könnte ich nicht alle auf einmal empfangen und es hinter mich bringen, Jacob?«, ließ Scrooge durchblicken.

»Erwarte das zweite in der darauffolgenden Nacht um die nämliche Stunde. Das dritte in der darauffolgenden Nacht, wenn der letzte Schlag der zwölften Stunde verklungen ist. Denke daran, dass du mich nicht wiedersiehst; und sieh um deiner selbst willen zu, dass du nicht vergisst, was zwischen uns vorgefallen ist!«

Als die Spukgestalt diese Worte gesprochen hatte, nahm sie ihr Tuch vom Tisch und band es sich um den Kopf wie zuvor. Scrooge merkte es an dem klappernden Geräusch, das ihre Zähne machten, als die Kiefer zusammengebunden wurden. Er wagte es, den Blick wieder zu heben, und sah seinen übernatürlichen Besucher in aufrechter Haltung vor sich, die Kette über und um den Arm geschlungen.

Die Erscheinung entfernte sich rückwärts; und bei jedem Schritt, den sie tat, hob sich das Fenster ein wenig, sodass es, als die Spukgestalt es erreicht hatte, weit offen stand.

Sie winkte Scrooge zu sich heran, und er kam der Aufforderung nach. Als sie nur noch zwei Schritte voneinander entfernt waren, hob Marleys Geist die Hand, um ihn zu warnen, nicht näher zu treten. Scrooge blieb stehen.

Nicht so sehr aus Gehorsam, als vielmehr aus Verblüffung und Furcht – denn als der Geist die Hand hob, vernahm Scrooge wirre Klänge in der Luft, unzusammenhängende Laute der Klage und der Reue, ein unaussprechlich leidvolles und selbstbezichtigendes Gejammer. Die Spukgestalt hörte einen Augenblick zu, dann stimmte sie in den traurigen Grabgesang ein und entschwebte in die kalte, dunkle Nacht.

Scrooge trat ans Fenster, voll verzweifelter Neugier. Er schaute hinaus.

Die Luft schwirrte von Phantomen, die in rastloser Eile stöhnend hin und her schwebten. Jedes von ihnen trug Ketten wie Marleys Geist; einige wenige (es mochten schuldige Regierungen sein) waren aneinandergeschmiedet; keiner war frei. Viele hatte Scrooge, als sie noch lebten, persönlich gekannt. Mit einem war er recht vertraut gewesen, einem alten Geist in weißer Weste, dem ein ungeheurer eiserner Geldschrank ans Fußgelenk gebunden worden war und der jämmerlich weinte, weil er einer unglücklichen Frau mit einem Säugling, die er unten vor einer Haustür sah, nicht helfen konnte. Offenbar bestand ihr ganzes Elend darin, dass sie versuchten, sich auf zuträgliche Weise in menschliche Angelegenheiten einzumischen, und die Macht dazu für immer eingebüßt hatten.

Ob diese Geschöpfe sich in Dunst auflösten oder ob Dunst sie verschluckte, vermochte er nicht zu sagen. Doch sie und ihre Geisterstimmen vergingen gemeinsam, und die Nacht wurde wieder, was sie auf seinem Heimweg gewesen war.

Scrooge schloss das Fenster und untersuchte die Tür, durch die der Geist eingetreten war. Sie war doppelt verriegelt, denn er hatte sie eigenhändig verriegelt, und die Riegel waren unversehrt. Er wollte schon »Humbug!« sagen, hielt jedoch gleich nach der ersten Silbe inne. Und da er – sei es nun wegen der durchlebten Aufregung, wegen der Anstrengungen des Tages, des Einblicks in die unsichtbare Welt, des düsteren Geistergesprächs oder der vorgerückten Stunde – sehr der Ruhe bedurfte, ging er, ohne sich auszukleiden, geradewegs zu Bett und schlief augenblicklich ein.

Zweite Strophe

Das erste der drei Wesen

Als Scrooge erwachte, war es so dunkel, dass er beim Blick aus dem Bett das durchsichtige Fenster kaum von den undurchsichtigen Wänden seines Schlafzimmers unterscheiden konnte. Gerade versuchte er, mit seinen Frettchenaugen die Dunkelheit zu durchdringen, als die Glocke einer benachbarten Kirche die vierte Viertelstunde schlug. So lauschte er auf den Stundenschlag.

Zu seinem großen Erstaunen schlug die schwere Glocke zwar in einem fort, erst sechs, dann sieben, dann acht und immer so weiter bis zwölf, dann aber verstummte sie. Zwölf!

Es war doch schon nach zwei gewesen, als er zu Bett gegangen war. Die Uhr ging falsch. Ein Eiszapfen musste ins Räderwerk geraten sein. Zwölf! Er berührte die Feder seiner Repetieruhr, um die lächerliche Turmuhr zu korrigieren. Ihr rascher kleiner Puls schlug zwölf – und verstummte.

»Es ist doch nicht möglich«, sagte Scrooge, »dass ich einen ganzen Tag und bis weit in die nächste Nacht hinein geschlafen habe. Genauso wenig kann es möglich sein, dass der Sonne etwas zugestoßen und es zwölf Uhr mittags ist!«

Bei diesem beängstigenden Gedanken kletterte er aus dem Bett und tastete sich zum Fenster. Mit dem Ärmel seines Schlafrocks musste er erst den Frost abreiben, bevor er etwas sehen konnte, und selbst dann konnte er nur sehr wenig sehen. Er konnte nur ausmachen, dass es noch immer sehr neblig und sehr kalt war und dass kein Lärm zu hören war, wie ihn zweifellos in hellem Aufruhr hin und her eilende Menschen veranstaltet hätten, hätte die Nacht das Tageslicht verdrängt und von der Welt Besitz ergriffen. Das war eine große Erleichterung, denn wenn es keine Tage mehr gab, anhand derer man zählen konnte, wäre aus »Drei Tage nach Sicht dieses Primawechsels an Mr Ebenezer Scrooge oder an dessen Order zu zahlen« und so fort eine bloße US-Staatsanleihe geworden.*

Scrooge ging wieder zu Bett und überlegte hin, überlegte her und überlegte immer wieder von neuem, konnte sich jedoch keinen Reim darauf machen. Je mehr er nachdachte, desto verwirrter war er – und je mehr er sich bemühte, nicht nachzudenken, desto mehr dachte er nach.

Marleys Geist beunruhigte ihn sehr. Jedes Mal, wenn er nach reiflicher Überlegung zu dem Schluss kam, dies alles sei nur ein Traum gewesen, schnellte sein Verstand wie eine starke, gerade eben losgelassene Sprungfeder wieder an den Ausgangspunkt zurück und stellte ihn vor dasselbe Problem, an dem er sich abarbeiten musste: »War es ein Traum oder nicht?«

In diesem Zustand blieb Scrooge liegen, bis die Glocke die nächste dritte Viertelstunde schlug und ihm jäh einfiel, dass der Geist ihn vor einer Erscheinung gewarnt hatte, wenn die Glocke eins schlüge. Er beschloss, wach zu bleiben, bis die Stunde vorübergegangen wäre; und in Anbetracht der Tatsache, dass er ebenso wenig einschlafen konnte wie in den Himmel kommen, war dies vielleicht der klügste Vorsatz, der ihm vergönnt war.

Die Viertelstunde dehnte sich so lang, dass er mehr als einmal überzeugt war, unbewusst in einen Dämmerschlaf geglitten zu sein und die Glocke überhört zu haben. Endlich schlug sie an sein lauschendes Ohr.

»Bim, bam!«

»Viertel nach«, sagte Scrooge und zählte.

»Bim, bam!«

»Halb«, sagte Scrooge.

»Bim, bam!«

»Viertel vor«, sagte Scrooge.

»Bim, bam!«

»Die volle Stunde«, sagte Scrooge triumphierend, »und weiter nichts!«

Er sprach, bevor die Stundenglocke ertönte – was sie jetzt mit einem tiefen, dumpfen, hohlen, schwermütigen EINS tat. In diesem Augenblick flammte Licht im Zimmer auf, und die Vorhänge seines Bettes wurden aufgezogen.

Ich sage Ihnen, die Vorhänge seines Bettes wurden beiseitegezogen, und zwar von einer Hand. Nicht die Vorhänge zu seinen Füßen, auch nicht die Vorhänge in seinem Rücken, sondern die, auf die sein Gesicht gerichtet war. Die Vorhänge seines Bettes wurden beiseitegezogen; und Scrooge, der emporfuhr, sah sich dem schauerlichen Besucher gegenüber, der sie aufgezogen hatte: So nahe, wie ich Ihnen jetzt bin, und im Geiste stehe ich neben Ihrem Ellbogen.

Es war eine sonderbare Gestalt – wie ein Kind, aber eigentlich nicht so sehr wie ein Kind als vielmehr wie ein alter Mann, den man durch ein übernatürliches Medium betrachtet, was ihm den Anschein gab, dem Auge entrückt und auf die Größe eines Kindes geschrumpft zu sein. Sein Haar, das ihm auf den Nacken und den Rücken fiel, war weiß wie im Alter; und doch wies das Gesicht keine Falten auf, und auf der Haut lag zarteste rosige Frische. Die Arme waren sehr lang und muskulös und die Hände ebenfalls –

ganz so, als wäre ihr Griff von ungewöhnlicher Stärke. Seine zart geformten Beine und Füße waren, genau wie auch die oberen Gliedmaßen, entblößt. Er trug einen Rock von reinstem Weiß; und um seine Taille war ein glänzender, wunderschön schimmernder Gürtel geschlungen. In der Hand hielt er einen frischen grünen Stechpalmenzweig, doch in einzigartigem Kontrast zu diesem Sinnbild des Winters war seine Kleidung mit Sommerblumen geschmückt. Das Sonderbarste an ihm aber war, dass seinem Scheitel ein heller, klarer Lichtstrahl entsprang, der all dies sichtbar werden ließ und zweifellos die Ursache dafür war, dass er in seinen trüberen Momenten einen großen Lichthut als Mütze verwendete, den er jetzt unter dem Arm trug.

Doch selbst das war, als Scrooge ihn mit zunehmender Beharrlichkeit betrachtete, *nicht* seine sonderbarste Eigenschaft. Denn so wie sein Gürtel bald an der einen, bald an der anderen Stelle funkelte und glitzerte und wie das, was in einem Augenblick hell war, in einem anderen dunkel wurde, so schwankte auch die Gestalt selbst in ihrer Deutlichkeit: Bald war sie ein Ding mit nur einem Arm, bald mit nur einem Bein, dann wieder mit zwanzig Beinen; mal waren es zwei Beine ohne Kopf, mal ein Kopf ohne Leib. Von diesen sich auflösenden Körperteilen waren in dem dichten Dunkel, in dem sie zerrannen, keine festen Umrisse zu erkennen. Und gerade, als man sich darüber wundern wollte, fand die Gestalt wieder zu ihrem Selbst zurück – und war dabei so klar und deutlich erkennbar wie zuvor.

»Sind Sie das Wesen, Sir, dessen Kommen mir vorhergesagt wurde?«, fragte Scrooge.

»Das bin ich!«

Die Stimme war weich und sanft. Und so außerordentlich leise, als erklänge sie nicht aus nächster Nähe, sondern aus weiter Ferne.

»Wer und was sind Sie?«, wollte Scrooge wissen.

»Ich bin der Geist der vergangenen Weihnacht.«

»Einer lange vergangenen?«, fragte Scrooge eingedenk seines zwergenhaften Wuchses.

»Nein. Deiner vergangenen.«

Vermutlich hätte Scrooge, so ihn jemand danach gefragt hätte, den Grund nicht nennen können, doch spürte er ein starkes Verlangen, das Wesen mit seiner Mütze zu sehen; und so bat er es, seinen Kopf zu bedecken.

»Wie!«, rief der Geist aus. »So bald schon willst du das Licht, das ich spende, löschen von irdischer Hand? Reicht es nicht, dass du einer von denen bist, deren Leidenschaften diese Mütze schufen und die mich seit vielen, vielen Jahren zwingen, sie tief in die Stirn gezogen zu tragen?«

Ehrfürchtig bestritt Scrooge jede Absicht, das Wesen kränken zu wollen, und jegliche Kenntnis, ihm zu irgendeinem Zeitpunkt seines Lebens willentlich eine Kappe aufgesetzt zu haben. Dann erlaubte er sich zu fragen, was den Geist zu ihm geführt habe.

»Dein Wohlergehen!«, antwortete der Geist. Scrooge zeigte sich sehr dankbar, allerdings drängte sich ihm der Gedanke auf, dass eine ungestörte Nachtruhe diesem Zweck förderlicher gewesen wäre. Der Geist musste seine Gedanken gelesen haben, denn sogleich sprach er:

»Dann also deine Rehabilitierung. Gib acht!«

Während er sprach, streckte er seine kräftige Hand aus und fasste ihn sanft am Arm.

»Steh auf und wandle mit mir!«

Vergebens hätte Scrooge eingewandt, die Witterung

und die nächtliche Stunde eigneten sich nicht für Spaziergänge; das Bett sei warm und das Thermometer weit unter dem Gefrierpunkt; mit Pantoffeln, Schlafrock und Nachtmütze sei er nur leicht bekleidet, obendrein habe er Schnupfen. Dem Griff, zwar sanft wie der einer Frauenhand, konnte er sich nicht widersetzen. Er erhob sich, doch als er sah, dass das Wesen sich dem Fenster näherte, umklammerte er flehentlich sein Gewand.

»Ich bin ein Sterblicher«, protestierte Scrooge, »und werde hinabstürzen.«

»Dulde die Berührung meiner Hand *dort*«, sagte das Wesen und legte sie auf Scrooges Herz, »und du sollst mehr als nur dies eine Mal gehalten werden!«

Kaum waren die Worte gesprochen, durchschritten sie die Wand und standen auf einer offenen Landstraße, zu beiden Seiten Felder. Die Stadt war völlig verschwunden, keine Spur von ihr zu sehen. Mit ihr waren auch Dunkelheit und Nebeldunst verschwunden, denn es war ein klarer, kalter Wintertag, und auf dem Boden lag Schnee.

»Gütiger Himmel!«, sagte Scrooge und faltete die Hände, als er sich umsah. »An diesem Ort bin ich aufgewachsen. Hier wohnte ich als Junge!«

Das Wesen blickte ihn milde an. Seine sanfte Berührung, obschon nur leicht und flüchtig, kam dem alten Mann noch ganz gegenwärtig vor. Er wurde sich tausend verschiedenartiger Gerüche in der Luft bewusst, ein jeder verbunden mit tausend längst vergessenen Gedanken, Hoffnungen, Freuden und Sorgen!

»Deine Lippe zittert«, sprach der Geist. »Und was ist das da auf deiner Wange?«

Scrooge murmelte mit ungewöhnlich stockender Stimme, es sei ein Pickel, und bat den Geist, ihn zu führen, wohin er wolle.

»Du kannst dich noch an den Weg erinnern?«, fragte der Geist.

»Mich erinnern?«, rief Scrooge voller Inbrunst. »Ich könnte ihn mit verbundenen Augen gehen.«

»Seltsam, dass du ihn so viele Jahre vergessen hattest!«, bemerkte der Geist. »Lass uns weitergehen.«

Sie schritten die Straße entlang, und Scrooge erkannte jedes Tor, jeden Pfosten und jeden Baum, bis in der Ferne eine kleine Marktgemeinde mit ihrer Brücke, ihrer Kirche und ihrem gewundenen Fluss auftauchte. Jetzt sah man einige struppige Ponys herantraben, auf deren Rücken Knaben saßen. Sie riefen anderen Knaben in Kutschen und Karren zu, die von Bauern gelenkt wurden. Alle diese Knaben waren bester Laune und riefen einander zu, bis die weiten Felder von heiterer Musik so laut widerhallten, dass selbst die klare Luft lachen musste, als sie sie hörte!

»Dies sind nur die Schatten gewesener Dinge«, sprach der Geist. »Sie können uns nicht bemerken.«

Die fröhlichen Reisenden kamen näher, und Scrooge erkannte und benannte einen jeden von ihnen. Weshalb nur freute er sich über die Maßen, sie zu sehen? Weshalb nur wurden seine kalten Augen feucht, und warum schlug sein Herz schneller, als sie vorüberzogen? Weshalb füllte es ihn mit Erleichterung, als er hörte, wie sie sich frohe Weihnachten wünschten, als sie an Kreuzwegen und Seitenstraßen voneinander Abschied nahmen, um nach Hause zu gelangen? Was bedeutete ihm frohe Weihnachten? Hinaus damit! Frohe Weihnachten! Was hatte ihm die Weihnachtszeit je Gutes gebracht?

»Die Schule ist nicht ganz verwaist«, sprach der Geist. »Ein einziges Kind, von seinen Freunden vernachlässigt, sitzt noch da.«

Scrooge sagte, er wisse es. Und er schluchzte.

Auf einem wohlbekannten Weg verließen sie die Hauptstraße und näherten sich bald einem Gebäude aus mattrotem Backstein und mit einer kleinen Kuppel auf dem Dach, die mit einem Wetterhahn versehen war und in der eine Glocke hing. Es war ein großes Haus, das aber schon bessere Zeiten erlebt hatte: Denn die geräumigen Zimmer wurden kaum benutzt, die Mauern waren feucht und moosbedeckt, die Fenster zerbrochen und das Tor verfallen. In den Ställen stolzierten gackernd Hühner umher; Wagenschuppen und Scheunen waren von Gras überwuchert. Auch das Innere hatte nichts von seinem einstigen Zustand bewahrt. Als sie die düstere Eingangshalle betraten und durch die offenen Türen einen Blick in die vielen weitläufigen Räume warfen, fanden sie diese karg möbliert und kalt vor. In der Luft lag Modergeruch, eine frostige Schmucklosigkeit beherrschte den Ort. Dies erzeugte die Vorstellung, dass die Bewohner beim frühen Aufstehen viel zu häufig auf Kerzenlicht angewiesen waren und wohl auch nicht genug zu essen bekommen hatten.

Der Geist und Scrooge gingen durch die Eingangshalle zu einer Tür an der Rückseite des Hauses. Diese tat sich vor ihnen auf und gab den Blick frei auf einen langen, kahlen, trübseligen Raum, der durch die Reihen schlichter Bänke und Pulte aus Kiefernholz noch kahler wirkte. An einem von diesen saß nahe einem schwachen Feuer ein einsamer Knabe und las, und Scrooge setzte sich auf eine Schulbank und weinte, als er sein armes, vergessenes Ich sah, wie es einstmals gewesen war.

Nicht das leiseste Echo im Haus, nicht das Quieken und Rascheln der Mäuse hinter der Wandtäfelung, nicht das Tröpfeln der halb aufgetauten Regenrinne im öden Hof dahinter, nicht der Seufzer in den blattlosen Zweigen der verzagten Pappel, nicht das Knarren der müßig hin und her schwingenden Speichertür, nein, auch nicht das Knistern des Feuers entging Scrooge; all das erweichte sein Herz, und er ließ seinen Tränen umso freieren Lauf.

Das Wesen berührte ihn am Arm und wies auf sein jüngeres Ich, das in das Buch vertieft war. Draußen vor dem Fenster stand plötzlich ein Mann in fremden Gewändern, der wunderbar echt und deutlich wirkte. In seinem Gürtel steckte eine Axt, und er führte einen mit Holz beladenen Esel am Zaum.

»Aber das ist ja Ali Baba!«, rief Scrooge verzückt aus. »Der gute, alte, ehrliche Ali Baba! Ja, ja, ich weiß! Einmal, zur Weihnachtszeit, als das einsame Kind dort drüben ganz allein zurückgeblieben war, kam er zum ersten Mal, einfach so. Armer Junge! Und Valentin«, sagte Scrooge, »mit seinem wilden Bruder Namelos*; da gehen sie! Und wie heißt er noch gleich, der in seiner Unterhose schlafend am Tor von Damaskus abgesetzt wurde, siehst du ihn nicht? Und der Stallknecht des Sultans, der von den Dschinn auf den Kopf gestellt wurde; da steht er ja – auf dem Kopf! Geschieht ihm recht. Ich bin froh darüber. Was musste er auch die Prinzessin heiraten!«

Scrooge zu hören, wie er sich mit dem ganzen Ernst seines Wesens in einer merkwürdig zwischen Lachen und Weinen schwankenden Stimme über diesen Lesestoff ausließ, und dabei sein gespanntes, erregtes Gesicht zu sehen – für seine Geschäftsfreunde in der Londoner City wäre es gewiss eine Überraschung gewesen.

»Da ist ja der Papagei!«, rief Scrooge. »Grüner Körper und gelber Schwanz, mit diesem Ding, das aus seinem Kopf sprießt wie ein Salat, ja, da ist er! Armer Robinson Crusoe, so nannte er ihn, als der nach der Inselumseglung wieder nach Hause kam. ›Armer Robinson Crusoe, wo bist du gewesen, Robinson Crusoe?‹ Der Mann glaubte zu träumen, aber er träumte nicht. Es war bekanntlich der Papagei gewesen, der ihn angerufen hatte. Da rennt Freitag um sein Leben zu der kleinen Bucht! Holla! Hopp! Hallo!«

Dann wechselte er das Thema mit einer Geschwindigkeit, die seinem Charakter eigentlich ganz fremd war, sagte aus Mitleid mit seinem früheren Ich: »Der arme Junge!«, und weinte von Neuem.

»Ich wünschte«, murmelte Scrooge, trocknete sich mit dem Ärmelaufschlag die Augen, steckte die Hand in die Tasche und sah sich um. »Aber nun ist es zu spät.«

»Was ist mit dir?«, fragte der Geist.

»Nichts«, antwortete Scrooge. »Nichts. Gestern Abend stand ein Junge vor meiner Tür und sang ein Weihnachtslied. Ich hätte ihm etwas geben sollen – das ist alles.«

Der Geist lächelte versonnen und machte eine Handbewegung. Dabei sagte er: »Lass uns ein anderes Weihnachten besichtigen!«

Bei diesen Worten wurde Scrooges früheres Ich größer und das Zimmer ein wenig dunkler und schmutziger. Die Wandtäfelungen schrumpften, die Fensterscheiben barsten; der Putz fiel von der Decke, und an seiner Stelle zeigten sich die nackten Balken. Doch wie all das zustande kam, wusste Scrooge ebenso wenig wie Sie. Er wusste nur, dass es seine Richtigkeit damit hatte, dass alles sich genau so zugetragen hatte und dass er wieder allein war, während alle anderen Knaben nach Hause gegangen waren zum fröhlichen Weihnachtsfest.

Diesmal las er nicht, sondern ging verzweifelt auf und ab. Scrooge sah den Geist an, und mit einem traurigen Kopfschütteln blickte er ängstlich zur Tür.

Sie öffnete sich, und ein kleines Mädchen, viel jünger als der Knabe, kam hereingesprungen, schlang die Arme um seinen Hals, küsste ihn über und über und nannte ihn ihren »lieben, lieben Bruder«.

»Ich bin gekommen, um dich nach Hause zu bringen, lieber Bruder!«, sagte das Kind, klatschte in die kleinen Hände und beugte sich lachend vor. »Um dich nach Hause zu bringen, nach Hause, nach Hause!«

»Nach Hause, kleine Fan?«, erwiderte der Junge.

»Ja!«, sagte das Kind freudestrahlend. »Nach Hause, für immer. Nach Hause, für alle Zeiten. Vater ist um vieles freundlicher als früher, sodass es bei uns zugeht wie im Himmel! Eines schönen Abends, als ich zu Bett ging, sprach er so sanft zu mir, dass ich mich nicht scheute, ihn erneut zu fragen, ob du nach Hause kommen darfst – und er sagte ja und schickte mich in einer Kutsche fort, um dich zu holen. Und aus dir soll ein richtiger Mann werden!«, sagte das Kind mit großen Augen. »Und du sollst nie mehr hierher zurück. Zuerst aber wollen wir über Weihnachten beisammen sein und die schönste Zeit der Welt verbringen.«

»Aus dir ist ja eine richtige Frau geworden, kleine Fan!«, rief der Junge aus.

Sie klatschte lachend in die Hände und wollte seinen Kopf berühren; da sie aber zu klein war, hob sie sich lachend auf die Zehenspitzen, um ihn zu umarmen. Dann zog sie ihn in ihrem kindlichen Eifer zur Tür, und er ließ sich bereitwillig ziehen.

In der Halle rief eine furchterregende Stimme: »Bringt Master* Scrooges Koffer herunter!«, und es erschien der Schulmeister selbst, der Master Scrooge mit grimmiger Herablassung anblickte und ihn in einen schrecklichen Gemütszustand versetzte, bloß indem er ihm die Hand schüttelte. Dann führte er ihn und seine Schwester in das schauerlichste alte Loch von Empfangszimmer, das man je gesehen hat; die Landkarten an der Wand und die Erd- und Himmelsgloben in den Fenstern schienen vor Kälte wie mit Wachs überzogen. Dort holte er eine Karaffe seltsam leichten Weins und ein Stück seltsam schweren Kuchens hervor und verabreichte den jungen Leuten diese Leckerbissen häppchenweise; gleichzeitig schickte er einen mageren Pedell aus, um dem Postkutscher ein Gläschen »etwas« anzubieten. Dieser erwiderte, er lasse dem Gentleman danken; falls es aber aus demselben Zapfhahn stamme wie zuvor, wolle er lieber nicht davon kosten. Unterdessen war Master Scrooges Koffer oben auf der Kutsche festgebunden worden, und nur allzu gern verabschiedeten sich die Kinder vom Schulmeister, stiegen ein und fuhren vergnügt die Gartenallee hinunter, wobei die schnellen Räder Reif und Schnee von den dunklen Blättern der immergrünen Büsche schleuderten wie Gischt.

»Stets ein zartes Geschöpf, das ein bloßer Hauch hätte umwehen können«, sprach der Geist. »Aber sie hatte ein großes Herz!«

»Das hatte sie«, rief Scrooge. »Du hast recht. Ich will es nicht leugnen, Geist. Gott bewahre!«

»Sie starb als Frau«, sprach der Geist, »und hatte, wie ich glaube, Kinder.«

»Ein Kind«, erwiderte Scrooge.

»Richtig«, sprach der Geist. »Deinen Neffen!«

Scrooge schien unruhig zu werden und antwortete nur kurz: »Ja.«

Obwohl sie die Schule erst in diesem Moment hinter sich gelassen hatten, befanden sie sich nun auf den belebten Durchgangsstraßen einer Stadt, in denen schattenhafte Fußgänger hin und her eilten, schattenhafte Karren und Kutschen sich einen Weg bahnten und das Getöse und Getümmel einer wirklichen Großstadt herrschte. Die Schaufensterdekorationen machten deutlich, dass auch hier die Weihnachtszeit angebrochen war; aber es war nun Abend, und die Straßen waren erleuchtet.

Der Geist blieb vor einer bestimmten Lagerhaustür stehen und fragte Scrooge, ob er sie kenne.

»Ob ich sie kenne?«, sagte Scrooge. »Hier bin ich in die Lehre gegangen, richtig?«

Sie traten ein. Als sie einen alten Gentleman mit einer walisischen Wollmütze erblickten, der hinter einem so hohen Schreibpult saß, dass er, wäre er nur zwei Zoll größer gewesen, mit dem Kopf gegen die Decke gestoßen wäre, rief Scrooge in großer Erregung:

»Aber das ist ja der alte Fezziwig! Gott segne ihn! Fezziwig, wie er leibt und lebt!«

Der alte Fezziwig legte seinen Federhalter nieder und schaute zur Uhr hinauf, die die siebente Stunde anzeigte. Er rieb sich die Hände, straffte seine weite Weste, lachte über und über, von seinem Organ des Wohlwollens bis zu den Schuhspitzen, und rief mit behäbiger, öliger, satter, fetter, leutseliger Stimme:

»Heda! Ebenezer! Dick!«

Scrooges früheres Ich, inzwischen zum jungen Mann herangewachsen, trat eilfertig ein, begleitet von seinem Mitlehrling.

»Das muss Dick Wilkins sein!«, sagte Scrooge zu dem Geist. »Du lieber Himmel, ja. Das ist er. War mir sehr zugetan, der Dick. Der arme Dick! Du liebe Zeit!«

»Heda, Jungs!«, sagte Fezziwig. »Heute Abend wird nicht mehr gearbeitet. Heiligabend, Dick. Weihnachten, Ebenezer! Bringt die Fensterläden an«, rief der alte Fezziwig und klatschte kräftig in die Hände, »bevor jemand Jack Robinson sagen kann!«

Sie werden es nicht glauben, wie sich die beiden Burschen ins Zeug legten! Mit den Fensterläden stürzten sie hinaus auf die Straße – eins, zwei, drei –, setzten sie ein – vier, fünf, sechs –, verriegelten und verrammelten sie – sieben, acht, neun – und kamen zurück, bevor man bis zwölf zählen konnte, schnaubend wie Rennpferde.

»Hopp, hopp!«, rief der alte Fezziwig und sprang mit bewundernswerter Behändigkeit von seinem hohen Pult. »Räumt auf, Jungs, schafft viel Platz! Hopp, hopp, Dick! Auf, auf, Ebenezer!«

Räumt auf! Es gab nichts, was sie nicht hätten aufräumen wollen oder können, wenn der alte Fezziwig zusah. Es war im Nu getan. Alles, was sich bewegen ließ, wurde weggeschafft, als wäre es für immer aus dem öffentlichen Leben verbannt; der Fußboden wurde gefegt und geschrubbt, die Lichter wurden geputzt, Brennmaterial nachgelegt, und das

Lagerhaus verwandelte sich in einen so behaglichen, warmen, trockenen und hellen Ballsaal, wie man ihn sich in einer Winternacht nur wünschen konnte.

Herein kam ein Geiger mit einem Notenheft, stieg auf das hohe Schreibpult, machte daraus ein Orchester und stimmte sein Instrument, dass es wie Katzenmusik klang. Herein kam Mrs Fezziwig, ein einziges breites Lächeln. Herein kamen die drei Miss Fezziwigs, strahlend und liebenswert. Herein kamen die sechs jungen Verehrer, denen sie das Herz gebrochen hatten. Herein kamen all die jungen Männer und Frauen, die im Geschäft tätig waren. Herein kam das Hausmädchen mit ihrem Cousin, dem Bäcker. Herein kam die Köchin mit dem engsten Freund ihres Bruders, dem Milchmann. Herein kam der Laufbursche von gegenüber, dem man nachsagte, dass sein Herr ihn nicht hinreichend verköstige, und der versuchte, sich hinter der Magd von nebenan zu verstecken, der ihre Herrin nachweislich die Ohren langzog. Herein kamen sie alle, einer nach dem anderen; manche schüchtern, manche keck, manche anmutig, manche unbeholfen, manche schubsend, manche zerrend; herein kamen sie alle, so oder so. Und schon ging es los, mit allen zwanzig Paaren auf einmal: eine halbe Drehung hin, eine halbe Drehung her; durch die Mitte und wieder zurück; rundherum in verschiedenen Stadien zärtlicher Paarung; das ursprünglich erste Paar an der Spitze endete immer an der falschen Stelle; das neue Paar an der Spitze setzte sich direkt wieder in Bewegung, kaum dass es angekommen war – schließlich waren alle Paare an der Spitze und kein einziges am Ende, das ihnen aushelfen konnte! Bei diesem Ergebnis klatschte der alte Fezziwig in die Hände, um den Tanz zu beenden, und rief: »Gut gemacht!«, und der Geiger tunkte sein erhitztes Gesicht in einen eigens dafür vorgesehenen Topf mit Dunkelbier. Doch er verabscheute Pausen, und als er wieder auftauchte, fing er sofort erneut zu spielen an, obwohl es noch gar keine Tänzer gab, gerade so, als wäre der andere Geiger erschöpft auf einem Fensterladen nach Hause getragen worden und er selbst ein ganz frischer Mann, entschlossen, ihn entweder aus dem Felde zu schlagen oder selbst zugrunde zu gehen.

Es gab noch mehr Tänze, und es gab Pfänderspiele*, und noch mehr Tänze, und Kuchen und Glühwein und ein riesiges Stück kalten Rinderbraten und ein riesiges Stück kaltes Kochfleisch und Mince Pies* und reichlich Bier. Doch das Glanzstück des Abends kam nach dem Gebratenen und dem Gekochten, als der Geiger (wohlgemerkt, ein schlauer Hund!, ein Mann, der sich auf sein Handwerk besser verstand, als Sie oder ich ihm hätten beibringen können!) *Sir Roger de Coverley** anstimmte. Da erhob sich der alte Fezziwig, um mit Mrs Fezziwig zu tanzen. Auch dies ein Paar an der Spitze, das ein hartes Stück Arbeit vor sich hatte: drei- oder vierundzwanzig Paare; Leute, mit denen nicht zu spaßen war; Leute, die die Beine schwingen wollten und nicht vorhatten, einfach nur gemütlich dahinzuschreiten.

Aber auch wenn es zweimal – ach, viermal – so viele gewesen wären, der alte Fezziwig hätte es mit ihnen aufnehmen können, und Mrs Fezziwig ebenso. Was *sie* betrifft, so war sie in jeder Hinsicht würdig, seine Partnerin zu sein. Wenn das kein großes Lob ist, nennen Sie mir ein größeres, und ich werde es ihr aussprechen. Von Fezziwigs Waden schien ein wahres Leuchten auszugehen. Bei jeder Phase des Tanzes leuchteten sie wie Monde. Zu keinem Zeitpunkt hätte man vorhersagen können, was im nächsten Moment aus ihnen werden mochte. Und als der alte Fezziwig und Mrs Fezziwig den ganzen Tanz hinter sich gebracht hatten – vorwärts, rückwärts, beide Hände am Partner, Verbeugung und Knicks, Korkenzieher, Einfädeln und zurück an den Platz –, machte Fezziwig einen Luftsprung, einen so geschickten Luftsprung, dass er mit den Beinen zu blinzeln schien und wieder auf den Füßen landete, ohne dabei zu straucheln.

Als die Uhr elf schlug, löste der häusliche Ball sich auf. Mr und Mrs Fezziwig nahmen zu beiden Seiten der Tür Aufstellung, schüttelten jedermann beim Hinausgehen die Hand und wünschten frohe Weihnachten. Als sich alle entfernt hatten bis auf die beiden Lehrlinge, taten sie das Gleiche bei diesen, und so verklangen die fröhlichen Stimmen, und die Burschen wurden ihren Betten überlassen, die sich unter einem Tresen im hinteren Teil des Ladens befanden.

Während dieser ganzen Zeit hatte Scrooge sich wie ein Mann aufgeführt, der den Verstand verloren hat. Er war mit Herz und Seele bei der Sache gewesen und bei seinem früheren Ich. Er hatte alles bestätigt gefunden, sich an alles erinnert, sich an allem erfreut und die sonderbarsten Gemütserregungen durchgemacht. Erst jetzt, da die strahlenden Gesichter Dicks und seines eigenen früheren Ichs sich von ihnen abgewandt hatten, besann er sich auf den Geist und wurde gewahr, dass dieser ihn scharf ansah, wobei das Licht auf seinem Kopf besonders hell brannte.

»Eine Kleinigkeit genügt«, sprach der Geist, »um diese dummen Leutchen so dankbar zu stimmen.«

»Eine Kleinigkeit!«, echote Scrooge.

Der Geist bedeutete ihm, den beiden Lehrlingen zu

lauschen, die Fezziwig von ganzem Herzen lobten. Und als er dies getan hatte, sprach der Geist:

»Nun, ist es nicht so? Er hat doch nur ein paar Pfund eures vergänglichen Geldes ausgegeben, drei oder vier vielleicht. Ist das so viel, dass er solches Lob verdient?«

»Das ist es nicht«, sagte Scrooge, irritiert von dieser Bemerkung; unwillkürlich sprach er wie sein früheres, nicht wie sein späteres Ich. »Das ist es nicht, Geist. Er hat die Macht, uns glücklich oder unglücklich und unseren Dienst leicht oder beschwerlich, zu einem Vergnügen oder zu einer Mühsal zu machen. Sagen wir, seine Macht liegt in Worten und Blicken; in Dingen, die so geringfügig und unbedeutend sind, dass es unmöglich ist, sie einzeln aufzuführen und zusammenzuzählen. Und wenn schon? Das Glück, das er schenkt, ist so groß, als koste es ein Vermögen.«

Er spürte den Blick des Wesens und verstummte.

»Was ist?«, fragte der Geist.

»Nichts Besonderes«, sagte Scrooge.

»Ich denke doch«, beharrte der Geist.

»Nein«, sagte Scrooge. »Nein. Ich möchte nur ein oder zwei Worte mit meinem Handlungsgehilfen sprechen. Das ist alles.«

Als er diesen Wunsch äußerte, löschte sein früheres Ich die Lichter, und Scrooge und der Geist standen Seite an Seite wieder im Freien.

»Meine Zeit geht zur Neige«, bemerkte das Wesen. »Rasch!«

Dieses Wort galt weder Scrooge noch sonst jemandem, den er sehen konnte, zeigte aber sofort Wirkung. Denn wieder sah Scrooge sich selbst. Er war jetzt älter, ein Mann in der Blüte seines Lebens. Sein Gesicht hatte noch nicht die harten und starren Züge späterer Jahre angenommen, aber es hatte doch begonnen, Anzeichen von Sorge und Geiz in sich aufzunehmen. In seinen Augen lag eine unduldsame, gierige Unruhe, die verriet, welche Leidenschaft Wurzeln geschlagen hatte und wohin der Schatten des wachsenden Baumes fallen würde.

Er war nicht allein, sondern saß neben einem hübschen jungen Mädchen in Trauerkleidung. In ihren Augen standen Tränen; sie schimmerten in dem Licht, welches der Geist der vergangenen Weihnacht verströmte.

»Es hat nicht viel zu bedeuten«, sagte sie leise. »Dir bedeutet es sehr wenig. Ein anderes Idol hat mich verdrängt, und wenn es dich in Zukunft aufzuheitern und aufzumuntern vermag, so wie ich es versucht hätte, habe ich keinen Grund zu trauern.«

»Welches Idol hat dich verdrängt?«, erwiderte er.

»Ein goldenes.«

»Das ist der gerechte Lauf der Welt!«, sagte er. »Gegen nichts ist sie so hart wie gegen die Armut; und nichts behauptet sie mit solcher Strenge zu verurteilen wie das Streben nach Reichtum!«

»Du fürchtest die Welt zu sehr«, antwortete sie sanft. »All deine anderen Hoffnungen sind aufgegangen in der Hoffnung, dich ihren schäbigen Vorwürfen zu entziehen. Ich habe gesehen, wie sich deine edleren Bestrebungen eine nach der anderen verflüchtigten, bis dich nur noch die eine Hauptleidenschaft beherrschte: Gewinn. Oder etwa nicht?«

»Und wenn schon?«, entgegnete er. »Selbst wenn ich so viel klüger geworden bin, was heißt das schon? Dir gegenüber habe ich mich nicht verändert.«

Sie schüttelte den Kopf.

»Habe ich mich verändert?«

»Der unsrige ist ein alter Bund. Er wurde geschlossen, als wir beide arm waren und uns damit begnügten, es auch weiterhin zu sein, bis wir unser irdisches Glück zur rechten Zeit durch ausdauernden Fleiß würden verbessern können. Du *hast* dich verändert. Als der Bund geschlossen wurde, warst du ein anderer Mensch.«

»Ich war noch ein Junge«, sagte er ungeduldig.

»Dein eigenes Gefühl sagt dir, dass du nicht bist, was du warst«, gab sie zurück. »Ich bin noch dieselbe. Was uns Glück verhieß, als wir im Herzen eins waren, ist jetzt, da wir uneins sind, mit Elend behaftet. Wie oft und wie stark ich so empfunden habe, will ich nicht sagen. Es genügt, *dass* ich so empfunden habe und dass ich dich von deinem Versprechen entbinden kann.«

»Habe ich jemals darum gebeten?«

»Mit Worten? Nein. Niemals.«

»Womit dann?«

»Mit einem veränderten Wesen, mit einer gewandelten Sinnesart, mit einer anderen Lebensgestimmtheit, mit einer anderen Hoffnung als großem Lebensziel. Bei allem, was meine Liebe in deinen Augen zu etwas Wertvollem machte. Würde nicht all das zwischen uns stehen«, sagte das Mädchen und sah ihn sanft, aber fest an, »sage mir, würdest du mich jetzt noch umwerben und versuchen, mich zu gewinnen? O nein!«

Unwillkürlich schien er zuzugeben, dass sie mit dieser Vermutung recht habe, brachte aber mit Mühe heraus: »Das glaubst du doch selbst nicht.«

»Weiß der Himmel«, antwortete sie, »wenn ich könnte, würde ich gern etwas anderes glauben. Habe *ich* eine Wahrheit wie diese erst einmal erkannt, weiß ich, wie stark und unumstößlich sie sein muss. Aber soll ich wirklich glauben, dass du dich, wenn du gestern, heute, morgen frei wärst, für ein Mädchen ohne Mitgift entscheiden würdest – du, der du noch in den vertrautesten Stunden mit ihr alles nach dem Gewinn bemisst? Und ist es nicht so, dass du, falls du dich doch für sie entscheiden solltest und deinem einzigen Leitprinzip einen Augenblick lang untreu würdest, es hinterher gewiss bedauern und bereuen würdest? Ich weiß es; und ich entbinde dich von deinem Versprechen. Aus vollem Herzen und aus Liebe zu dem, der du einst warst.«

Er war gerade im Begriff, etwas zu sagen, doch sie wandte sich von ihm ab und fuhr fort:

»Vielleicht schmerzt es dich – der Gedanke an die Vergangenheit lässt es mich fast hoffen. Eine sehr, sehr kurze Zeit noch, und du wirst die Erinnerung an sie freudig von dir weisen, als einen Traum ohne Gewinn, aus dem du endlich erwacht bist. Mögest du glücklich sein in dem Leben, das du gewählt hast!«

Sie verschwand, und sie brachen auf.

»Wesen!«, sagte Scrooge. »Zeige mir nichts mehr! Führe mich nach Hause. Warum findest du Vergnügen daran, mich zu quälen?«

»Nur einen Schatten noch!«, rief der Geist.

»Keinen mehr!«, rief Scrooge. »Keinen mehr. Ich will ihn nicht sehen. Zeige mir nichts mehr!«

Doch der erbarmungslose Geist hielt ihn mit beiden Armen fest und zwang ihn, zuzusehen, was als Nächstes geschah.

Sie befanden sich an einem anderen Schauplatz, in einem anderen Haus; in einem Zimmer, nicht sehr geräumig oder ansehnlich, doch voller Behaglichkeit. Nahe dem winterlichen Kaminfeuer saß ein schönes junges Mädchen, das dem letzten so glich, dass Scrooge es für dasselbe hielt – bis er *sie*, inzwischen eine würdige ältere Dame, ihrer Tochter gegenübersitzen sah. In dem Zimmer herrschte ein überaus reges Treiben, denn es waren mehr Kinder darin, als Scrooge in seinem erregten Gemütszustand zählen konnte; und anders als bei der Herde in dem berühmten Gedicht von Wordsworth waren es nicht vierzig Kinder, die sich wie eines benahmen, sondern jedes Kind benahm sich wie vierzig. Die Folge war ein unglaublicher Aufruhr, doch der schien niemanden zu stören: Im Gegenteil, Mutter und Tochter lachten herzhaft und genossen ihn sehr, und Letztere, die sich bald an den Spielen beteiligte, wurde von den jungen Banditen gnadenlos ausgeplündert. Was hätte ich nicht dafür gegeben, eines dieser Kinder zu sein! Auch wenn ich nie so grob hätte sein können, nein, nein! Nicht um allen Reichtum der Welt hätte ich dies geflochtene Haar zerzaust und daran gezogen; und auch den kostbaren kleinen Schuh hätte ich nicht von ihrem Fuß gepflückt, und sei es, Gott behüte, um mein Leben zu retten! Im Scherz ihre Taille zu messen, wie sie es taten, die kecke junge Brut, das hätte ich nicht gewagt, denn ich hätte befürchtet, dass mein Arm zur Strafe um sie herumgewachsen und nie wieder gerade geworden wäre. Und doch, ich muss es gestehen, wie gern hätte ich ihre Lippen berührt und sie etwas gefragt, damit sie sie öffne; die Wimpern ihrer niedergeschlagenen Augen betrachtet, ohne dass sie errötete, und ihr gewelltes Haar gelöst, von dem mir eine einzige Locke ein unschätzbares Andenken gewesen wäre. Kurzum, wie gern, ich bekenne es, hätte ich den unbeschwerten Freibrief eines Kindes gehabt und wäre doch Mann genug gewesen, seinen Wert zu kennen.

Doch nun klopfte es an der Tür, und sofort entstand ein solches Gedränge, dass sie mit lachender Miene und zerwühltem Kleid inmitten einer erhitzten und ausgelassenen Meute zu ihr getragen wurde, gerade noch rechtzeitig, um den Vater zu begrüßen, der in Begleitung eines mit Weihnachtsspielzeug und Geschenken beladenen Mannes nach Hause kam. Dann das Gejohle und Gerangel und der Ansturm auf den wehrlosen Gepäckträger! Wie sie Stühle als Leitern benutzten, um an ihm emporzuklettern, ihm in die Taschen zu greifen, ihn der braunen Packpapierpäckchen zu berauben, sich in unbändiger Zuneigung an sein Halstuch zu klammern, die Arme um seinen Hals zu schlingen, mit den Fäusten auf seinen Rücken zu trommeln und ihn gegen das Schienbein zu treten! Die erstaunten und entzückten Ausrufe, mit denen jedes ausgewickelte Geschenk begrüßt wurde! Die Schreckensbotschaft, der Säugling sei dabei ertappt worden, wie er eine Puppenbratpfanne in den Mund steckte, und mehr als nur den Verdacht aufkommen ließ, einen Spielzeugtruthahn verschluckt zu haben mitsamt dem hölzernen Servierteller, auf den er geleimt war! Die ungeheure Erleichterung, als sich herausstellte, dass es ein falscher Alarm war! Die Freude, die Dankbarkeit, die Ekstase! Alles gleichermaßen unbeschreiblich. Bleibt nur noch zu sagen, dass die aufgedrehten Kinder der Reihe nach die Wohnstube verließen und die Treppe hinaufsprangen ins oberste Stockwerk des Hauses, wo sie sich in ihre Betten legten und Ruhe gaben.

Und nun sah Scrooge aufmerksamer zu denn je, wie sich der Hausherr, seine Tochter liebevoll an ihn geschmiegt, mit ihr und ihrer Mutter an den Kamin setzte. Und als er daran dachte, dass ein anderes solches Geschöpf ihn ebenso anmutig und verheißungsvoll Vater hätte nennen können und ihm im öden Winter seines Lebens ein Frühling gewesen wäre, verdüsterte sich sein Blick sehr.

»Belle«, sagte der Mann und wandte sich lächelnd an seine Frau, »heute Nachmittag habe ich einen alten Freund von dir gesehen.«

»Wen?«

»Rate mal!«

»Wie kann ich das? Tss, weiß ich es denn nicht?«, fügte sie im gleichen Atemzug hinzu und musste wie er lachen. »Mr Scrooge.«

»Ja, Mr Scrooge. Ich kam an seinem Bürofenster vorbei; und da die Läden nicht verschlossen waren und drinnen eine Kerze brannte, konnte ich ihn schwerlich übersehen. Wie ich höre, liegt sein Partner im Sterben, und er saß allein da. Ganz allein auf der Welt, glaube ich.«

»Wesen!«, sagte Scrooge mit gebrochener Stimme. »Schaffe mich fort von hier.«

»Ich habe dir gesagt, dies sind nur die Schatten gewesener Dinge«, sprach der Geist. »Gib nicht mir die Schuld, dass sie sind, was sie sind!«

»Schaffe mich fort!«, rief Scrooge. »Ich kann es nicht ertragen!«

Er wandte sich zu dem Geist, und als er sah, dass dieser ihn mit einem Gesicht anblickte, in dem sich auf seltsame Weise Bruchstücke all der Gesichter vereinigten, die er ihm gezeigt hatte, da begann er einen Ringkampf mit ihm.

»Lass mich in Frieden! Bring mich zurück. Verfolge mich nicht länger!«

Während des Kampfes – wenn man denn das Handgemenge, bei dem das Schreckgespenst, ohne sichtbaren Widerstand zu leisten, und trotz aller Anstrengungen seines Gegners unversehrt blieb, einen Kampf nennen kann – bemerkte Scrooge, dass sein Licht hoch und hell brannte; und da er dies undeutlich mit der Macht in Verbindung brachte, die der Geist über ihn hatte, ergriff er den Lichthut und drückte ihn mit einer jähen Bewegung auf seinen Schädel.

Der Geist sank darunter zusammen, sodass der Lichthut seine ganze Gestalt bedeckte; doch obwohl Scrooge ihn mit aller Kraft nach unten drückte, vermochte er das Licht, das darunter hervorströmte und sich in ungebrochener Flut auf den Boden ergoss, nicht auszulöschen.

Er spürte, dass er erschöpft war, ihn eine unwiderstehliche Schläfrigkeit überkam, und auch, dass er sich in seinem eigenen Schlafzimmer befand. Zum Abschied drückte er noch einmal auf die Mütze, woraufhin seine Hand sich entspannte, und er hatte kaum noch Zeit, zu seinem Bett zu wanken, als er auch schon in tiefen Schlaf fiel.

Dritte Strophe

Das zweite der drei Wesen

Als Scrooge von seinem ungeheuer lauten Schnarchen erwachte und sich im Bett aufsetzte, um seine Gedanken zu ordnen, brauchte man ihm nicht erst zu sagen, dass die Glocke nahe davor war, eins zu schlagen. Er fühlte, dass er gerade noch rechtzeitig wieder zu Bewusstsein gekommen war, um ein Gespräch mit dem zweiten Boten zu führen, den Jacob Marley ihm senden würde. Doch bei der Frage, welche seiner Bettvorhänge die neuerliche Spukgestalt zurückziehen würde, fröstelte es ihn unangenehm, und so schob er sie alle eigenhändig beiseite, legte sich wieder hin und hielt rund um das Bett wachsam Ausschau. Denn er wollte das Wesen im Augenblick seines Erscheinens zur Rede stellen und sich nicht überraschen und erschrecken lassen.

Gentlemen der verwegeneren Sorte, die sich damit brüsten, es mit jedem aufnehmen zu können und zu wissen, was die Stunde geschlagen hat, drücken das große Spektrum ihres Abenteurertums gern mit den Worten aus, sie seien für alles zu haben: vom Münzenwerfen bis zum Totschlag. Zweifellos liegt zwischen diesen Extremen eine recht breite und umfassende Palette von Betätigungen. Ohne ganz so kühn mutmaßen zu wollen, möchte ich Sie doch auffordern, mir zu glauben, dass Scrooge auf ein weites Sortiment an seltsamen Erscheinungen gefasst war und ihn vom Säugling bis zum Nashorn nichts sonderlich erstaunt hätte.

Da er nun auf fast alles vorbereitet war, war er keineswegs auf nichts vorbereitet; und so wurde er, als die Glocke eins schlug und keine Gestalt erschien, von einem heftigen Zittern befallen. Fünf Minuten, zehn Minuten, eine Viertelstunde vergingen, doch nichts geschah. Während dieser ganzen Zeit lag er auf seinem Bett, und dieses wurde, als die Uhr die volle Stunde verkündete, Mittelpunkt einer Glut rötlichen Lichts, das sich darauf ergoss und das, da es nur Licht war, verstörender wirkte als ein ganzes Dutzend Geister. Scrooge konnte nämlich nicht verstehen, was es bedeutete oder was es damit auf sich hatte, und zuweilen befürchtete er, genau in diesem Moment ein interessanter Fall von Selbstentzündung zu werden, ohne den Trost, es wirklich zu wissen. Endlich aber dachte er sich – wie Sie oder ich es uns sofort gedacht hätten, denn es ist immer die Person, die sich *nicht* in einer misslichen Lage befindet, die weiß, was zu tun ist, und die es unzweifelhaft getan hätte – endlich aber, sage ich, dachte er sich, Quelle und Geheimnis des gespenstischen Lichts könnten im Nebenzimmer verborgen liegen, von woher es bei genauerem Hinsehen zu leuchten schien. Als dieser Gedanke von ihm Besitz ergriff, stand er leise auf und schlurfte in seinen Pantoffeln zur Tür.

Kaum hatte Scrooge die Hand auf den Riegel gelegt, als eine fremde Stimme ihn beim Namen rief und ihn eintreten hieß. Er gehorchte.

Es war sein eigenes Zimmer. Daran bestand kein Zweifel. Aber es hatte eine überraschende Verwandlung erfahren. Wände und Decke waren mit so frischem Grün behangen, dass es wie ein vollendeter Hain aussah, in dem überall hell schimmernde Beeren leuchteten. Die frischen Blätter von Stechpalmen, Misteln und Efeu reflektierten das Licht, als hätte man ebenso viele kleine Spiegel verstreut, und den Schornstein empor loderte ein so mächtiges Feuer, wie es diese trostlose Versteinerung einer Herdstelle weder zu Scrooges noch zu Marleys Zeiten und auch nicht in vielen, vielen Wintern davor gekannt hatte. Auf dem Boden lagen, wie zu einem Thron aufgeschichtet, Truthähne, Gänse, Wildbret, Geflügel, Gepökeltes, große Bratenkeulen, Spanferkel, lange Kränze von Würsten, Mince Pies, Plumpuddings, Fässer mit Austern, glühend heiße Kastanien, kirschbäckige Äpfel, saftige Orangen, üppige Birnen, ungeheure Dreikönigskuchen und Schalen mit brodelndem Punsch, dessen köstliche Dämpfe das Zimmer schummrig werden ließen. Auf der Couch saß behaglich und herrlich anzuschauen ein vergnügter Riese; er trug eine glühende Fackel, einem Füllhorn nicht unähnlich, und hielt sie empor, hielt sie hoch empor, um Scrooge, der zur Tür hereinspähte, zu leuchten.

»Komm herein!«, rief der Geist. »Komm herein und lerne mich besser kennen, Mensch!«

Ängstlich trat Scrooge ein und ließ den Kopf vor dem Wesen hängen. Er war nicht länger der verbissene Scrooge, der er gewesen war, und obwohl die Augen des Wesens klar und freundlich blickten, mochte er ihnen nicht begegnen.

»Ich bin der Geist der gegenwärtigen Weihnacht«, sagte das Wesen. »Sieh mich an!«

Scrooge tat dies ehrfürchtig. Das Wesen war in ein einfaches grünes Gewand gekleidet, eine Art Umhang mit weißem Pelzbesatz. Dieses Kleidungsstück hing so locker an seiner Gestalt, dass die breite Brust entblößt war, als verschmähe sie es, sich mit etwas Künstlichem zu schützen oder zu verhüllen. Die Füße, die unter den weiten Falten des Gewandes zu sehen waren, waren ebenfalls nackt, und auf dem Kopf trug es keine andere Bedeckung als einen Kranz aus Stechpalmenzweigen, die hier und da mit glitzernden Eiszapfen besetzt waren. Seine langen dunkelbraunen Locken fielen frei herab, sie waren so frei wie das freundliche Gesicht, die funkelnden Augen, die geöffnete Hand, die heitere Stimme, das ungezwungene Auftreten und die fröhliche Ausstrahlung. Um die Taille hatte es eine altertümliche Scheide gegürtet, in der aber kein Schwert steckte, und die altertümliche Hülle war von Rost zerfressen.

»So einen wie mich hast du noch nie gesehen!«, rief das Wesen.

»Noch nie«, gab Scrooge zur Antwort.

»Bist noch nie mit meinen jüngeren Familienangehörigen gewandelt, will sagen (denn ich bin sehr jung): mit meinen älteren Brüdern, die in späteren Jahren geboren wurden?«, fuhr das Phantom fort.

»Ich glaube nicht«, sagte Scrooge. »Ich fürchte, nein. Hast du viele Brüder gehabt, Wesen?«

»Mehr als achtzehnhundert«, sprach der Geist.

»Eine gewaltige Familie, wenn man sie versorgen muss!«, murmelte Scrooge.

Der Geist der gegenwärtigen Weihnacht erhob sich.

»Wesen«, sagte Scrooge unterwürfig, »führe mich, wohin du willst. Letzte Nacht bin ich unter Zwang hinausgegangen und habe eine Lektion gelernt, die jetzt noch nachwirkt. Willst du mir heute Nacht etwas beibringen, so lass mich davon profitieren.«

»Berühre mein Gewand!«

Scrooge tat, wie ihm geheißen, und hielt es fest.

Stechpalme, Mistelzweig, rote Beeren, Efeu, Truthähne, Gänse, Wildbret, Geflügel, Gepökeltes, Fleisch, Spanferkel, Würste, Austern, Mince Pies, Plumpuddings, Obst und

Punsch – all das verschwand augenblicklich. So wie auch das Zimmer, das Kaminfeuer, die rötliche Glut, die nächtliche Stunde, und so standen sie am Morgen des Weihnachtstags in den Straßen der Stadt, wo die Leute (denn es herrschte strenges Wetter) eine raue, aber muntere und nicht unangenehme Musik veranstalteten, indem sie den Schnee vom Gehsteig und von den Dächern ihrer Häuser kratzten. Für die Knaben war es eine helle Freude, ihn auf die Straße niederplumpsen zu sehen, wo er in künstliche kleine Schneestürme zerstob.

Die Häuserfassaden wirkten schwarz und die Fenster noch schwärzer, sie hoben sich damit ab von der glatten weißen Schneedecke auf den Dächern und dem schmutzigeren Schnee auf dem Pflaster, den die schweren Räder der Karren und Kutschen zu tiefen Furchen zerpflügt hatten – zu Furchen, die sich dort, wo die großen Straßen abzweigten, Hunderte Male kreuzten und abermals kreuzten und verschlungene Kanäle bildeten, die in dem dicken gelben Schlamm und dem eisigen Wasser nur schwer zu erkennen waren. Der Himmel war düster, und selbst die kürzesten Straßen erstickten in einem trüben, halb getauten, halb gefrorenen Nebel, dessen schwerere Tröpfchen in einem Schauer rußiger Atome herabsanken, so als wären sämtliche Schornsteine Großbritanniens einhellig in Brand geraten, um nach Herzenslust zu lodern. Weder die Witterung noch die Stadt selbst wirkten besonders heiter, und doch war ein Hauch von Heiterkeit spürbar, den selbst die klarste Sommerluft und die hellste Sommersonne nicht hätten verbreiten können.

Denn die Menschen, die den Schnee auf den Dächern wegschaufelten, waren fröhlich und vergnügt. Sie riefen einander von den Brüstungen aus zu, bewarfen sich zum Spaß hin und wieder mit Schneebällen – weit gutmütigere Geschosse als so mancher wortreiche Scherz – und lachten herzlich, wenn sie ihr Ziel trafen, und nicht weniger herzlich, wenn sie es verfehlten. Die Läden der Geflügelhändler waren noch halb geöffnet, und die der Obsthändler erstrahlten in ihrer ganzen Pracht. Da gab es große Körbe voller Kastanien, die, rund und dickbäuchig wie lustige alte Gentlemen in ihren Westen, an den Türen lümmelten oder in ihrer unbändigen Üppigkeit auf die Straße kullerten. Da gab es rötliche, braungesichtige, wohlbeleibte spanische Zwiebeln, welche in ihrem fetten Wuchs wie spanische Mönche glänzten und von ihren Regalen aus in lüsterner Durchtriebenheit den Mädchen zuzwinkerten, die im Vorübergehen schüchterne Blicke auf den aufgehängten Mistelzweig* warfen. Es gab Birnen und Äpfel, aufgetürmt zu blühenden Pyramiden; es gab Traubenbündel, die die Geschäftsinhaber aus reinem Wohlwollen von auffälligen Haken herabbaumeln ließen, damit den Passanten ganz kostenlos das Wasser im Munde zusammenlief; es gab Berge von Haselnüssen, braun und bemoost, deren Duft längst vergangene Waldspaziergänge und das angenehme knöcheltiefe Waten durch verwelktes Laub in Erinnerung rief; es gab Äpfel aus Norfolk, dunkelrot und gedrungen, die das Gelb der Orangen und Zitronen unterstrichen und mit der ganzen Kompaktheit ihrer saftigen Person flehentlich darum baten, in Papiertüten nach Hause getragen und nach dem Abendessen verzehrt zu werden. Selbst die goldenen und silbernen Fische, zwischen all diesen erlesenen Früchten in einem Glas ausgestellt, schienen zu wissen, obgleich Angehörige einer trägen und kaltblütigen Spezies, dass etwas vor sich ging, und schwammen, nach Luft schnappend, in gemächlicher und leidenschaftsloser Aufregung immerzu im Rund ihrer kleinen Welt.

Der Kolonialwarenladen!, ach, der Kolonialwarenladen! Er war fast schon geschlossen, mit vielleicht ein oder zwei heruntergelassenen Fensterläden, doch durch die Spalten: welche Einblicke! Nicht nur, dass die sich senkende Waagschale auf dem Tresen einen fröhlichen Laut von sich gab oder dass Zwirn und Rolle sich so lebhaft voneinander trennten oder dass die Dosen wie bei einem Jongleurkunststück auf und nieder klapperten, nicht nur, dass die vermischten Düfte von Tee und Kaffee so wohltuend in die Nase stiegen, nicht nur, dass die Rosinen in solchem Überfluss vorhanden waren, die Mandeln so überaus weiß, die Zimtstangen so lang und gerade, die anderen Gewürze so köstlich, die kandierten Früchte so dick mit geschmolzenem Zucker überzogen, dass selbst der kälteste Betrachter der Ohnmacht nahe und dementsprechend reizbar gewesen wäre. Nicht nur, dass die Feigen feucht und fleischig waren oder dass die fein säuerlichen französischen Pflaumen in ihren reich verzierten Kartons erröteten oder dass alles verzehrfertig war und im Weihnachtskleid; nein, die Kunden hatten es angesichts der hoffnungsfrohen Verheißung des Tages alle so eilig und waren so voller Erwartung, dass sie im Eingang gegeneinanderprallten, mit ihren Weidenkörben ungestüm aneinanderstießen und ihre Einkäufe auf dem Tresen liegen ließen und zurückkehren mussten, um sie zu holen, und in bestmöglicher Laune Hunderte ähnlicher Fehler begingen. Währenddessen waren der Kolonialwarenhändler und seine Angestellten so frank und frisch, dass die polierten Herzen, mit denen sie hinten ihre

Schürzen befestigten, ihre eigenen Herzen hätten sein können, die sie zur allgemeinen Inaugenscheinnahme nach außen trugen und an denen die Weihnachtsdohlen picken konnten, wenn sie denn wollten.

Doch schon bald riefen die Kirchtürme alle braven Leute zur Kirche und zur Kapelle, und sie zogen los und strömten in ihren besten Kleidern und mit ihren fröhlichsten Gesichtern durch die Straßen. Zur gleichen Zeit tauchten auch aus Dutzenden Seitenstraßen, Gassen und namenlosen Abzweigungen unzählige Menschen auf, die ihr Festessen zu den Bäckereien trugen. Der Anblick dieser feiernden Armen schien den Geist sehr zu interessieren, denn er blieb mit Scrooge im Eingang einer Bäckerei stehen, nahm, als die Schüsselträger vorbeikamen, die Deckel ab und besprengte ihr Festessen mit Weihrauch von seiner Fackel. Und es war eine sehr ungewöhnliche Fackel, denn ein- oder zweimal, als es zwischen einigen Essensträgern, die einander geschubst hatten, böse Worte gab, benetzte er sie mit ein paar Tropfen Wasser von seiner Fackel, und augenblicklich war ihre gute Laune wiederhergestellt. Denn sie sagten, es sei eine Schande, sich am Weihnachtstag zu streiten. Und so war es! Gottlob! So war es!

Irgendwann schwiegen die Glocken, und die Bäckereien wurden geschlossen – und doch deutete der nasse Fleck über dem Ofen eines jeden Bäckers auf all die Festmahlzeiten und die Fortschritte bei ihrer Zubereitung hin, und das Pflaster dampfte, als wären auch die Steine gebacken worden.

»Hat das, was du aus deiner Fackel träufelst, ein besonderes Aroma?«, fragte Scrooge.

»Ja. Mein eigenes.«

»Gilt das für jede Mahlzeit an diesem Tag?«, fragte Scrooge.

»Für jede, die freundlich gewährt wird. Vor allem für eine ärmliche.«

»Wieso vor allem für eine ärmliche?«, fragte Scrooge.

»Weil diese es am nötigsten hat.«

»Geist«, sagte Scrooge nach kurzem Nachdenken, »ich frage mich, warum von all den Wesen in den vielen Welten um uns her ausgerechnet du diesen Menschen die Möglichkeit harmlosen Genusses nehmen willst.«

»Ich?«, rief der Geist.

»Du würdest ihnen die Möglichkeit nehmen, an jedem siebenten Tag zu essen, oft der einzige Tag, von dem sich sagen lässt, dass sie überhaupt etwas essen«, sagte Scrooge. »Ist es nicht so?«

»Ich?«, rief der Geist.

»Du trachtest danach, die Geschäfte am siebenten Tag zu schließen*«, sagte Scrooge. »Und das kommt doch wohl auf dasselbe hinaus.«

»Ich?«, rief der Geist.

»Verzeih mir, wenn ich unrecht habe. Es ist in deinem Namen geschehen, oder zumindest in dem deiner Familie«, sagte Scrooge.

»Auf eurer Erde gibt es Menschen«, erwiderte der Geist, »die behaupten, uns zu kennen, und die ihre Taten der Leidenschaft, des Stolzes, des Grolls, des Hasses, des Neides, der Bigotterie und der Selbstsucht in unserem Namen begehen, die uns und unseresgleichen so fremd sind, als hätten sie nie gelebt. Bedenke dies und gib ihnen – nicht uns – die Schuld an ihrem Tun.«

Scrooge versprach es, und unsichtbar wie zuvor gingen

sie weiter, in die Vororte der Stadt. Der Geist hatte die bemerkenswerte Eigenschaft (die Scrooge bereits vor der Bäckerei aufgefallen war), dass er sich ungeachtet seiner riesenhaften Gestalt mühelos an jede Räumlichkeit anpassen konnte und unter einem niedrigen Dach ebenso würdevoll und übernatürlich wirkte, wie er es in einem hohen Saal getan hätte.

Und vielleicht war es das Vergnügen, das der gute Geist daran hatte, seine Macht zu demonstrieren, oder es war seine gütige, großzügige, herzliche Art und sein Mitgefühl mit allen armen Menschen, was ihn geradewegs zu Scrooges Handlungsgehilfen führte. Denn dorthin begab er sich und nahm Scrooge mit, der sich an seinem Gewand festhielt; und auf der Türschwelle lächelte der Geist und blieb stehen, um Bob Cratchits Behausung zu segnen, indem er sie mit seiner Fackel besprengte. Man stelle sich vor! Bob erhielt bloß fünfzehn »Bob«, also Schilling, die Woche; jeden Samstag steckte er gerade mal fünfzehn seiner Namensvetter ein – und doch segnete der Geist der gegenwärtigen Weihnacht sein Häuschen mit den vier Zimmern!

Da erhob sich Mrs Cratchit, Cratchits Frau, herausgeputzt, wenn auch eher ärmlich in einem zweimal gewendeten, dafür mit farbenfrohen Bändern versehenen Kleid; die sind erschwinglich, und für sechs Pence machen sie was her. Und so deckte sie den Tisch, assistiert von Belinda Cratchit, der zweiten ihrer Töchter, gleichfalls mit bunten Bändern versehen, während Master Peter Cratchit die Gabel in den Topf mit Kartoffeln stach und voller Freude, so galant gekleidet zu sein, und voller Verlangen, in den eleganten Parks sein weißes Hemd vorzuführen, die Spitzen seines riesigen Hemdkragens in den Mund nahm (Bobs Privateigentum, das er dem Festtag zu Ehren seinem Sohn und Erben überlassen hatte). Und nun kamen zwei kleinere Cratchits, ein Junge und ein Mädchen, hereingestürmt und riefen, sie hätten vor der Bäckerei die Gans gerochen und gewusst, dass es ihre eigene sei; und so tanzten die jungen Cratchits in genussvollen Gedanken an Salbei und Zwiebeln um den Tisch und lobten Master Peter Cratchit über den grünen Klee, während er (nicht stolz, obwohl der Kragen ihn fast würgte) das Feuer anblies, bis die Kartoffeln allmählich zu brodeln anfingen und laut an den Topfdeckel klopften, um herausgelassen und geschält zu werden.

»Wo bleibt nur euer lieber Vater?«, fragte Mrs Cratchit. »Und euer Bruder Tiny Tim! Und war Martha letzte Weihnachten nicht schon eine halbe Stunde eher hier?«

»Martha ist hier, Mutter!«, sagte ein Mädchen und trat zur Tür herein.

»Martha ist hier, Mutter!«, riefen die beiden jungen Cratchits. »Hurra! *Das* wird vielleicht eine Gans, Martha!«

»Ach du Güte, wie spät du kommst, Liebes!«, sagte Mrs Cratchit, küsste sie ein Dutzend Mal und nahm ihr mit beflissenem Eifer Tuch und Haube ab.

»Gestern Abend mussten wir alles fertig machen«, antwortete das Mädchen, »und heute Morgen mussten wir aufräumen, Mutter!«

»Nun, halb so wild, solange du nur kommst«, sagte Mrs Cratchit. »Setz dich an den Kamin, meine Liebe, und wärm dich auf, der Herr segne dich!«

»Nein, nein! Da kommt Vater«, riefen die beiden jungen Cratchits, die überall zur gleichen Zeit waren. »Versteck dich, Martha, versteck dich!«

So versteckte sich Martha, und herein kam der kleine

Bob, der Vater, dem ein meterlanger Wollschal auf die Brust hing, die Fransen nicht gezählt, und dessen abgewetzte Kleider geflickt und gebürstet waren, damit sie zur Festzeit passten, und auf seiner Schulter saß Tiny Tim. Der arme Tiny Tim, er trug eine kleine Krücke, und seine Gliedmaßen wurden von eisernen Schienen gestützt!

»Aber wo ist denn unsere Martha?«, rief Bob Cratchit und sah sich um.

»Sie kommt nicht«, sagte Mrs Cratchit.

»Sie kommt nicht?«, fragte Bob, und seine gute Laune war mit einem Mal verflogen, denn auf dem Heimweg von der Kirche war er Tims Vollblutpferd gewesen und die ganze Strecke galoppiert. »Am Weihnachtstag kommt sie nicht?«

Martha wollte ihn nicht enttäuscht sehen, nicht einmal im Scherz, und so trat sie vorzeitig hinter der Schranktür hervor und fiel ihm in die Arme, während die beiden jungen Cratchits den kleinen Tim übernahmen und ihn in die Waschküche trugen, damit er im Kupferkessel den Plumpudding singen hörte.

»Und wie hat sich der kleine Tim benommen?«, fragte Mrs Cratchit, nachdem sie Bob wegen seiner Leichtgläubigkeit geneckt und Bob seine Tochter nach Herzenslust umarmt hatte.

»Mustergültig«, sagte Bob, »und noch besser. Irgendwie wird er nachdenklich, wenn er so viel allein sitzt, und denkt sich die seltsamsten Dinge aus, die man je gehört hat. Als wir nach Hause kamen, sagte er mir, er hofft, dass die Leute in der Kirche ihn gesehen haben, weil er doch ein Krüppel ist, denn es wäre doch schön, wenn sie sich am Christtag daran erinnern würden, wer es war, der die Lahmen gehend und die Blinden sehend machte.«

Bobs Stimme zitterte, als er dies erzählte, und sie zitterte noch mehr, als er sagte, Tiny Tim werde noch groß und stark werden.

Auf dem Boden war seine kleine Krücke zu hören, und bevor ein weiteres Wort gesprochen wurde, kam Tiny Tim zurück und wurde von seinem Bruder und seiner Schwester zu seinem Schemel am Kamin geleitet. Und während Bob sich die Ärmelaufschläge hochkrempelte – der arme Kerl!, als könnte man sie noch schäbiger aussehen lassen –, und in einem Krug eine Mischung aus Gin und Zitronen zubereitete, sie mehrmals umrührte und zum Ziehenlassen auf die Herdplatte stellte, gingen Master Peter und die beiden allgegenwärtigen jungen Cratchits die Gans abholen, mit der sie alsbald in feierlicher Prozession zurückkehrten.

Es entstand ein solches Gewusel, dass man eine Gans für den seltensten aller Vögel hätte halten können; ein gefiedertes Phänomen, gegen das ein schwarzer Schwan eine Selbstverständlichkeit war – und fürwahr, genau so verhielt es sich in diesem Haus. Mrs Cratchit ließ die Bratensoße (die sie in einem kleinen Stieltopf vorbereitet hatte) zischend heiß aufkochen, Master Peter zerstampfte mit unglaublicher Kraft die Kartoffeln, Miss Belinda süßte das Apfelmus, Martha wischte die heißen Teller ab, und Bob nahm Tiny Tim zu sich in eine winzige Ecke am Tisch. Die beiden jungen Cratchits stellten für alle Stühle auf, wobei sie sich selbst nicht vergaßen, wachten dann auf ihren Posten und steckten sich Löffel in den Mund, damit sie nicht nach Gans schrien, bevor sie endlich zulangen durften. Endlich wurden die Schüsseln aufgetragen und das Tischgebet gesprochen. Es folgte eine atemlose Pause, als Mrs Cratchit der Länge nach das Tranchiermesser betrachtete und sich anschickte, es der Gans in die Brust zu stoßen; doch als sie es endlich tat und der lang erwartete Schwall der Füllung hervorquoll, erhob sich rings um die Tafel ein freudiges Gemurmel, und sogar Tiny Tim, von der Aufregung der beiden jungen Cratchits angesteckt, schlug mit dem Griff seines Messers auf den Tisch und stieß ein schwaches Hurra aus!

Nie hatte es eine solche Gans gegeben. Bob sagte, er glaube nicht, dass eine solche Gans überhaupt jemals gebraten worden sei. Ihre Zartheit und ihr Aroma, ihre Größe und ihr niedriger Preis waren Gegenstand allgemeiner Bewunderung. Abgerundet war sie mit Apfelmus und Kartoffelbrei und bot so eine ausreichende Mahlzeit für die ganze Familie – ja, wie Mrs Cratchit (als sie einen winzigen Knochen auf der Servierplatte begutachtete) mit großer Freude sagte, sie hatten nicht einmal alles aufgegessen! Doch jeder hatte genug, und besonders die jüngsten Cratchits waren bis zu den Augenbrauen mit Salbei und Zwiebeln beschmiert! Nun aber, da Miss Belinda die Teller wechselte, verließ Mrs Cratchit das Zimmer allein – keinesfalls durfte ihr jemand zuschauen –, um den Plumpudding aus dem Kessel zu heben und hereinzubringen.

Was, wenn er nicht ausgebacken war? Was, wenn er beim Herausheben zerfiel? Was, wenn jemand über die Mauer des Hinterhofs gestiegen war und ihn gestohlen hatte, während sie sich mit der Gans vergnügten – eine Vorstellung, bei der die beiden jungen Cratchits erbleichten! Sie malten sich die schlimmsten Schrecken aus.

Ha! Wie das dampfte! Der Plumpudding war aus dem Kessel gehoben. Ein Geruch wie an einem Waschtag! Das war das Tuch. Ein Geruch wie in einer Gastwirtschaft, wie beim Konditor nebenan und wie bei der Wäscherin noch ein Haus weiter! Das war der Pudding! Nach einer halben Minute kam Mrs Cratchit herein – erhitzt, aber stolz lächelnd –, vor sich den Pudding, hart und fest wie eine gefleckte Kanonenkugel, übergossen mit einem Viertelliter flammendem Brandy und oben mit einem Stechpalmenzweig garniert.

Ach, was für ein herrlicher Pudding! Bob Cratchit sagte, und zwar in aller Gemütsruhe, er halte ihn für das Gelungenste, was Mrs Cratchit seit ihrer Heirat geleistet habe. Mrs Cratchit sagte, nun da ihr ein Stein vom Herzen gefallen sei, müsse sie gestehen, wie unsicher sie gewesen sei, ob sie die richtige Menge Mehl verwendet habe. Jeder hatte etwas dazu zu sagen, doch keiner sagte oder dachte, dass es für eine große Familie aber ein recht kleiner Pudding war. Das wäre offene Ketzerei gewesen. Alle Cratchits hätten sich geschämt, dergleichen auch nur anzudeuten.

Schließlich war die Mahlzeit beendet, der Tisch abgedeckt, der Kamin gefegt und das Feuer geschürt. Nachdem die Mischung im Krug gekostet und für vorzüglich befunden worden war, wurden Äpfel und Orangen auf den Tisch gestellt und eine Schaufel Kastanien ins Feuer geschüttet. Dann bildete die ganze Familie Cratchit einen Kreis (wie Bob Cratchit es nannte, obwohl es nur ein Halbkreis war) um den Kamin. An Bob Cratchits Ellbogen stand der Gläservorrat der Familie: zwei Wassergläser und ein Kännchen für Vanillesoße mit abgebrochenem Henkel.

Diese fassten den heißen Inhalt des Kruges jedoch ebenso gut, wie goldene Pokale es getan hätten, und während die Kastanien im Feuer laut knisterten und aufplatzten, schenkte Bob mit strahlenden Blicken ein. Dann brachte er einen Trinkspruch aus:

»Frohe Weihnachten uns allen, meine Lieben. Gott segne uns!«

Was die ganze Familie erwiderte.

»Gott segne uns, einen jeden von uns«, sagte Tiny Tim als Letzter von allen.

Er saß auf seinem kleinen Schemel dicht neben seinem Vater. Bob hielt seine verkümmerte kleine Hand in der seinen, als liebe er das Kind, wolle es bei sich behalten und fürchte, es könnte ihm genommen werden.

»Wesen«, sagte Scrooge mit einer Anteilnahme, wie er sie nie zuvor empfunden hatte, »sage mir, ob Tiny Tim leben wird.«

»In der armseligen Kaminecke«, antwortete der Geist, »sehe ich einen leeren Platz und eine sorgfältig aufbewahrte Krücke ohne Besitzer. Sollte die Zukunft diese Schatten nicht vertreiben, wird das Kind sterben.«

»Nein, nein«, sagte Scrooge. »O nein, gütiger Geist, sage, dass es verschont wird.«

»Sollte die Zukunft diese Schatten nicht vertreiben«, erwiderte der Geist, »wird kein anderer meiner Art ihn hier noch finden. Und wenn schon? Wenn er lieber sterben will, sollte er es tun und den Bevölkerungsüberschuss verringern.«

Als Scrooge den Geist seine eigenen Worte zitieren hörte, ließ er, von Reue und Schmerz überwältigt, den Kopf hängen.

»Mensch«, sprach der Geist, »wenn du im Herzen Mensch bist und nicht hart wie Stein, so lass ab von dieser bösen Heuchelei, bis du herausgefunden hast, worin der Überschuss besteht und wo er herrscht. Willst *du* entscheiden, welche Menschen leben und welche sterben sollen?

Könnte es nicht sein, dass du in den Augen des Himmels wertloser und lebensunwürdiger bist als Millionen anderer Menschen, wie etwa das Kind dieses armen Mannes? O Gott, das Insekt auf dem Blatt zu hören, wie es über ein Zuviel an Leben unter seinen hungrigen Brüdern im Staube urteilt!«

Scrooge beugte sich der Rüge des Geistes und blickte zitternd zu Boden. Doch als er seinen Namen hörte, sah er rasch auf.

»Mr Scrooge!«, sagte Bob. »Auf Mr Scrooge, den edlen Stifter dieses Festes!«

»Von wegen edler Stifter!«, rief Mrs Cratchit hitzig. »Ich wünschte, er wäre hier. Ich würde ihm gehörig die Meinung auftischen, und ich hoffe, er hätte Appetit darauf.«

»Meine Liebe«, sagte Bob, »die Kinder! Es ist Weihnachten.«

»Das wäre ein Weihnachten«, sagte sie, »an dem man auf das Wohl eines so abstoßenden, geizigen, hartherzigen und gefühllosen Mannes wie Mr Scrooge trinkt. Du weißt, dass er das ist, Robert! Niemand weiß es besser als du, du armer Kerl!«

»Meine Liebe«, war Bobs milde Antwort, »es ist Weihnachten.«

»Dir zuliebe und weil Weihnachten ist, will ich auf seine Gesundheit trinken«, sagte Mrs Cratchit, »nicht seinetwegen. Lang soll er leben! Frohe Weihnachten und ein glückliches neues Jahr! Er wird sehr froh und glücklich sein, daran habe ich keinen Zweifel!«

Nach ihr tranken die Kinder auf sein Wohl. Es war der erste Vorgang, der nicht von Herzen kam. Als Letzter von allen trank Tiny Tim auf sein Wohl, dabei war ihm Scrooges

Wohl herzlich gleichgültig. Scrooge war der Unmensch der Familie. Die Erwähnung seines Namens warf einen düsteren Schatten auf die Feier, der volle fünf Minuten nicht zerstob.

Nachdem er sich endlich doch verflüchtigt hatte, waren sie zehnmal fröhlicher als zuvor, einfach aus der Erleichterung heraus, sich Scrooge des Schrecklichen entledigt zu haben. Bob Cratchit erzählte ihnen, er habe eine Anstellung für Master Peter ins Auge gefasst, die, wenn er sie bekäme, wöchentlich volle fünfeinhalb Schilling einbringen würde. Bei dem Gedanken, Peter könnte Geschäftsmann werden, mussten die beiden jungen Cratchits unbändig lachen, und Peter selbst starrte aus seinem Kragen hervor sinnierend ins Feuer, als überlege er, welche Investitionen er als erste tätigen sollte, wenn er erst einmal in den Besitz solch überwältigender Einkünfte gelangt wäre. Dann erzählte Martha, die ein armes Lehrmädchen bei einer Putzmacherin war, welche Arbeiten sie verrichten und wie viele Stunden am Stück sie arbeiten müsse und dass sie vorhabe, morgen früh im Bett zu bleiben und sich lange auszuruhen, denn der morgige Tag sei ein Festtag, den sie zu Hause verbringen werde. Außerdem habe sie ein paar Tage zuvor eine Gräfin und einen Lord gesehen und der Lord sei »ungefähr so groß wie Peter« gewesen, woraufhin Peter seinen Hemdkragen so weit hochzog, dass Sie, wären Sie dabeigewesen, seinen Kopf nicht hätten sehen können. Die ganze Zeit über wurden die Kastanien und der Krug herumgereicht; und wenig später hörten sie von Tiny Tim, der eine leise klagende Stimme hatte und es sehr hübsch sang, ein Lied über ein Kind, das sich im Schnee verirrt hatte.

An alledem war nichts Besonderes. Sie waren keine ansehnliche Familie, denn sie waren nicht gut angezogen: ihre Schuhe waren alles andere als wasserfest, ihre Kleidung ärmlich, und mit Pfandhäusern dürfte Peter sich gut ausgekannt haben, was er wohl auch tat. Aber sie waren glücklich, dankbar, zufrieden miteinander und zufrieden mit der Zeit; und als sie verblassten und, von der Fackel des Wesens beim Aufbruch hell besprüht, noch glücklicher wirkten, behielt Scrooge sie bis zuletzt im Blick, und dabei ganz besonders Tiny Tim.

Mittlerweile nahm die Dunkelheit zu, es schneite recht heftig, und als Scrooge und das Wesen durch die Straßen gingen, waren die in Küchen, Wohnstuben und anderen Räumen prasselnden hellen Kaminfeuer wunderbar anzuschauen. Hier wiesen die flackernden Flammen auf die Vorbereitungen einer gemütlichen Mahlzeit, mit Tellern, die am Feuer vorgewärmt wurden, und tiefroten Vorhängen, die gleich zugezogen werden würden, um Kälte und Dunkelheit auszusperren. Dort liefen die Kinder eines Hauses hinaus in den Schnee, ihren verheirateten Schwestern, Brüdern, Cousins und Cousinen, Onkeln und Tanten entgegen, um sie als Erste zu begrüßen. Hier warfen die sich versammelnden Gäste Schatten auf die Jalousien, dort tänzelte eine Gruppe hübscher und unablässig miteinander schnatternder Mädchen, alle in Kapuzen und Pelzstiefeln, leichtfüßig zu einem benachbarten Haus – wehe dem Junggesellen, der sie erglühend dort eintreten sah – die arglistigen Hexen, sie wussten es wohl!

Doch nach der Zahl der Menschen zu urteilen, die zu einem geselligen Beisammensein unterwegs waren, hätte man meinen können, es sei niemand daheim, sie bei ihrem Eintreffen willkommen zu heißen. Stattdessen aber erwartete jeder Haushalt Gäste und schichtete das Kaminfeuer einen halben Schornstein hoch. Gottes Segen auf sie! Wie der Geist frohlockte! Wie er die breite Brust entblößte, seine geräumige Hand auftat und im Vorüberschweben alles, was in seiner Reichweite war, freigebig mit heller und harmloser Fröhlichkeit übergoss! Sogar der Laternenanzünder, der vor ihm herlief und die dämmrige Straße mit Lichtflecken sprenkelte und der sich in Schale geworfen hatte, um irgendwo den Abend zu verbringen, lachte laut auf, als das Wesen ihn einholte; dabei ahnte er nicht, dass er noch einen anderen Begleiter als die Weihnacht hatte!

Und nun standen sie, ohne dass der Geist eine Vorwarnung ausgesprochen hätte, auf einer kahlen und wüsten Heide, auf der ungeheure Massen rauer Felsbrocken verstreut waren, als wäre sie die Begräbnisstätte von Riesen; zudem breitete sich Wasser aus, wie es lustig war, oder hätte es doch getan, hätte der Frost es nicht gefangen gehalten. An Bewuchs gab es dort nichts als Moos und Stechginster und kräftiges grobes Gras. Im Westen hatte die untergehende Sonne einen feuerroten Streifen hinterlassen, der einen Moment lang wie ein mürrisches Auge auf die Ödnis starrte, dann aber tiefer, tiefer und immer tiefer in der dichten Finsternis der schwärzesten Nacht versank.

»Was ist das für ein Ort?«, fragte Scrooge.

»Ein Ort, an dem Bergleute leben, die in den Eingeweiden der Erde arbeiten«, erwiderte das Wesen. »Aber sie kennen mich. Sieh nur!«

Aus dem Fenster einer Hütte leuchtete ein Licht, und rasch hielten sie darauf zu. Als sie durch die Mauer aus Lehm und Stein traten, fanden sie eine fröhliche Gesellschaft vor, die um ein glühendes Feuer versammelt war:

Ein uralter Mann und eine uralte Frau mitsamt ihren Kindern und Kindeskindern und den Kinder danach, alle herausgeputzt in farbenfroher Festtagskleidung. Mit einer Stimme, die nur selten das Heulen des Windes in der öden Wüstenei übertönte, sang der alte Mann ein Weihnachtslied – es war ein sehr altes Lied aus der Zeit, als er noch ein Junge war –, und jedes Mal stimmten die anderen in den Refrain ein. Wenn sie die Stimmen hoben, wurde der alte Mann laut und munter, und wenn sie schwiegen, verlor seine Stimme an Kraft.

Das Wesen verweilte dort nicht länger, sondern befahl Scrooge, sein Gewand zu fassen. Und so schwebten sie über das Moor hinweg, eilten – wohin? Doch nicht zum Meer? Zum Meer. Als Scrooge zurückblickte, sah er zu seinem Entsetzen hinter sich als letztes Stück Land eine schreckliche Felsenkette, und seine Ohren waren betäubt vom Donnern der Wogen, die in den schauerlichen, von ihnen selbst ausgewaschenen Höhlen brausten, tobten und tosten und die Erde zu unterwühlen suchten.

Auf einem trostlosen Riff aus halb versunkenen Felsen, etwa fünf Kilometer von der Küste entfernt, an dem sich das ganze wilde Jahr hindurch die Wellen brachen, stand ein einsamer Leuchtturm. An seinen Sockel klammerten sich große Haufen Seegras, und Sturmvögel – vom Winde geboren wie, so mochte man meinen, das Seegras vom Wasser – stiegen auf und sanken nieder, ganz wie die Wogen, über denen sie schwebten.

Doch selbst hier hatten die beiden Leuchtturmwärter ein Feuer entfacht, das durch eine Scharte in der dicken Steinmauer einen hellen Lichtstrahl auf das grimmige Meer warf. Über den rauen Tisch hinweg, an dem sie mit ihrem Krug

Grog saßen, reichten sie sich die schwieligen Hände und wünschten einander frohe Weihnachten; und einer der beiden, der Ältere, mit einem Gesicht, das von widrigem Wetter gegerbt und entstellt war wie die Galionsfigur eines alten Schiffes, stimmte ein kräftiges Lied an, das selbst wie ein Sturmwind war.

Der Geist eilte weiter über die schwarz wogende See – weiter, immer weiter –, bis sie, fern von jeder Küste, wie er Scrooge erklärte, ein Schiff entdeckten. Schon standen sie neben dem Rudergänger am Steuerrad, dem Ausguck im Bug, den Wachoffizieren; allesamt dunkle, gespenstische Gestalten auf ihren verschiedenen Posten, doch jeder von diesen summte ein Weihnachtslied, hatte einen Weihnachtsgedanken oder sprach mit seinem Kameraden leise über einen vergangenen Weihnachtstag in der Hoffnung, bald heimkehren zu dürfen. Und an diesem Tag hatte jeder Mann an Bord, ob er wachte oder schlief, ob er gut war oder böse, ein freundlicheres Wort für seinen Nächsten gefunden als an jedem anderen Tag des Jahres. Ein jeder hatte an den Festlichkeiten zumindest halbwegs teilgenommen und sich derer in der Ferne erinnert, die ihm am Herzen lagen, in dem Wissen, dass auch sie seiner gerne gedachten.

Es war eine große Überraschung für Scrooge, der dem Stöhnen des Windes lauschte und darüber nachsann, was für eine ernste Sache es doch war, sich durch dieses einsame Dunkel über einen unbekannten Abgrund hinwegzubewegen, dessen Tiefen so geheimnisvoll waren wie die Tiefen des Todes – es war eine große Überraschung für Scrooge, der sich solcherlei Gedanken hingab, ein herzhaftes Lachen zu hören. Es war eine noch größere Überraschung für Scrooge, als er darin das Lachen seines Neffen erkannte und sich in einem hellen, trockenen, strahlenden Zimmer wiederfand, während das Wesen mit einem Lächeln neben ihm stand und ebendiesen Neffen freundlich und wohlwollend betrachtete!

»Ha, ha!«, lachte Scrooges Neffe. »Ha, ha, ha!«

Sollten Sie durch einen unwahrscheinlichen Zufall einen Menschen kennen, der mit einem herzlicheren Lachen gesegnet ist als Scrooges Neffe, kann ich nur sagen, dass ich ihn gerne kennenlernen würde. Stellen Sie ihn mir vor, und ich werde Bekanntschaft mit ihm pflegen.

So ansteckend Krankheit und Kummer auch sein mögen, es ist doch ein schöner, gerechter und nobler Ausgleich, dass nichts auf der Welt so unwiderstehlich ansteckend ist wie Gelächter und gute Laune. Als Scrooges Neffe auf ebendiese Weise lachte, hielt er sich den Bauch, rollte mit dem Kopf und verzog sein Gesicht zu den übertriebensten Grimassen, und Scrooges angeheiratete Nichte lachte ebenso herzhaft wie er. Und ihre versammelten Freunde wollten dahinter nicht zurückstehen und stimmten in das schallende Gelächter ein:

»Ha, ha! Ha, ha, ha, ha!«

»Er hat gesagt, Weihnachten sei Humbug, so wahr ich lebe!«, rief Scrooges Neffe. »Und hat es wirklich geglaubt!«

»Umso größere Schande über ihn, Fred!«, sagte Scrooges Nichte entrüstet. Gott segne solche Frauen. Sie machen keine halbe Sachen. Sie meinen es immer ernst.

Sie war sehr hübsch, außergewöhnlich hübsch. Ein herrliches, überrascht wirkendes Gesicht mit Grübchen, ein reifer, kleiner Mund, der zum Küssen geschaffen schien – was er zweifellos war –, allerhand hübsche Grübchen im Kinn, die, wenn sie lachte, miteinander verschmolzen, und das sonnenklarste Paar Augen, das Sie je im Kopf eines kleinen Geschöpfes gesehen haben. Alles in allem war sie das, was man aufreizend nennen würde, wissen Sie; aber auch befriedigend. Oh, vollkommen befriedigend!

»Er ist ein komischer alter Kauz«, sagte Scrooges Neffe, »das ist die Wahrheit – er ist nicht so umgänglich, wie er sein könnte. Aber seine Vergehen werden schon von ganz alleine bestraft und darum habe ich nichts gegen ihn zu sagen.«

»Er muss sehr reich sein, Fred«, deutete Scrooges Nichte an. »Jedenfalls sagst du *mir* das immer.«

»Und wenn schon, meine Liebe!«, sagte Scrooges Neffe. »Sein Reichtum nützt ihm nichts. Er bewirkt damit nichts Gutes. Er macht sich damit nicht das Leben bequem. Er hat nicht mal den befriedigenden Gedanken – ha, ha, ha! –, dass er jemals *uns* damit bedenken wird.«

»Ich habe keine Geduld mit ihm«, bemerkte Scrooges Nichte. Ihre Schwestern und alle anderen Damen vertraten die gleiche Meinung.

»Ach, ich schon!«, sagte Scrooges Neffe. »Er tut mir leid; ich könnte ihm nicht böse sein, selbst wenn ich es wollte. Wer leidet unter seiner schlechten Laune? Immer nur er selbst. Jetzt hat er sich in den Kopf gesetzt, uns nicht zu mögen, und will nicht kommen, um mit uns zu essen. Und was ist die Folge? Das Essen ist kein großer Verlust für ihn.«

»Ich glaube, das Essen ist sogar ein sehr großer Verlust für ihn«, unterbrach ihn Scrooges Nichte. Alle anderen sagten dasselbe, und man muss ihnen zugestehen, dass sie kompetente Richterinnen waren, denn sie hatten die Hauptmahlzeit soeben beendet und saßen – das Dessert stand auf dem Tisch – bei Lampenlicht um den Kamin.

»Nun! Es freut mich, das zu hören«, sagte Scrooges Neffe, »denn ich habe kein großes Vertrauen in diese jungen Hausfrauen. Was sagst *du* dazu, Topper?«

Offensichtlich hatte Topper ein Auge auf eine der Schwestern von Scrooges Nichte geworfen, denn er antwortete, ein Junggeselle sei ein elender Ausgestoßener, der kein Recht habe, sich zu diesem Thema zu äußern. Daraufhin errötete die Schwester von Scrooges Nichte – die mollige mit dem Spitzentuch, nicht die mit den Rosen.

»Rede weiter, Fred«, sagte Scrooges Nichte und klatschte in die Hände. »Er bringt seine Sätze nie zu Ende! Was für ein lächerlicher Kerl!«

Wieder brach Scrooges Neffe in ausgelassenes Gelächter aus, und da es unmöglich war, sich nicht davon anstecken zu lassen (auch wenn sich die mollige Schwester mithilfe von Kräuteressig die größte Mühe gab), folgte man einmütig seinem Beispiel.

»Ich wollte nur Folgendes sagen«, erklärte Scrooges Neffe. »Dass er eine Abneigung gegen uns gefasst hat und nicht mit uns feiern will, hat, wie ich glaube, zur Folge, dass er einige angenehme Augenblicke verpasst, die ihm nicht schaden könnten. Bestimmt verpasst er angenehmere Gesellschaft, als er in seinen eigenen Gedanken finden kann, sei es in seinem modrigen alten Büro oder in seinen staubigen Gemächern. Ob es ihm gefällt oder nicht, ich will ihm jedes Jahr die gleiche Chance geben, denn er tut mir leid. Soll er über Weihnachten schimpfen, bis er stirbt, aber wenn er sieht, wie ich Jahr für Jahr in guter Laune zu ihm komme und frage: ›Onkel Scrooge, wie geht es dir?‹, kann er gar nicht anders, als sich eines Besseren zu besinnen – dazu fordere ich ihn heraus. Wenn es ihn nur in die Stimmung versetzt, seinem armen Handlungsgehilfen fünfzig Pfund zu hinterlassen, *das* wäre schon etwas; und ich glaube, gestern habe ich ihn tüchtig durchgeschüttelt.«

Jetzt war es an ihnen, zu lachen – die bloße Vorstellung, dass er Scrooge tüchtig durchgeschüttelt hatte! Da er aber durch und durch gutmütig war und sich nichts daraus machte, worüber sie lachten, sodass sie unter allen Umständen lachten, ermunterte er sie in ihrer Fröhlichkeit und reichte freudig die Flasche herum.

Nach dem Tee gab es Musik. Denn sie waren eine musikalische Familie und wussten, was sie taten, wenn sie ein mehrstimmiges Lied oder einen Kanon sangen, das kann ich Ihnen versichern; besonders Topper, der die Bassstimme brummen konnte wie kein anderer, ohne dass deswegen die dicken Adern auf seiner Stirn anschwollen oder er rot im Gesicht wurde. Scrooges Nichte spielte gut Harfe, und neben anderen Melodien spielte sie ein schlichtes kleines Liedchen (ein bloßes Nichts: Sie könnten es in zwei Minuten pfeifen lernen), das dem Kind, das Scrooge aus dem Internat abgeholt hatte, vertraut gewesen war – daran hatte der Geist der vergangenen Weihnacht ihn erinnert. Als die Melodie erklang, kamen ihm all die Dinge in den Sinn, die der Geist ihm gezeigt hatte, und er wurde weicher und immer weicher und dachte, wenn er ihr vor Jahren öfter hätte lauschen können, vielleicht hätte er die Freundlichkeiten des Lebens zu seinem eigenen Glück und von eigener Hand kultiviert, ohne auf den Spaten des Totengräbers zurückgreifen zu müssen, der Jacob Marley beerdigt hatte.

Aber nicht den ganzen Abend widmeten sie der Musik. Nach einer Weile spielten sie ein Pfänderspiel, denn manchmal tut es gut, wieder Kind zu sein, und am besten tut es das an Weihnachten, als dessen mächtiger Stifter selbst ein Kind war. Halt! Zuerst spielten sie noch Blindekuh. Aber natürlich! Und dass Topper wirklich blind war, glaube ich ebenso wenig, wie ich glaube, dass er in seinen Stiefeln Augen hatte. Vielmehr bin ich der Ansicht, dass er und Scrooges Neffe die Sache abgesprochen hatten und dass der Geist der gegenwärtigen Weihnacht es wusste. Die Art und Weise, wie er der molligen Schwester mit dem Spitzentuch hinterherkroch, war ein Frevel an der Leichtgläubigkeit der menschlichen Natur. Er stürzte das Kaminbesteck um, stolperte über Stühle, stieß gegen das Klavier, verhedderte sich in den Vorhängen – wo immer sie hinging, dorthin ging auch er! Er wusste stets, wo sich die mollige Schwester befand. Niemanden sonst wollte er fangen. Hätten Sie sich absichtlich auf ihn fallen lassen (wie einige von ihnen es taten), so hätte er vorgetäuscht, Sie berühren zu wollen, was einer Beleidigung Ihres Verstandes gleichgekommen wäre, und sich augenblicklich in Richtung der molligen Schwester davongestohlen. Wie oft rief sie, es sei nicht gerecht, und das war es nun wirklich nicht. Doch als er sie endlich erwischte, als er sie trotz ihres Seidengeknisters und raschen Vorbeiflatterns in eine Ecke drängte, aus der es kein Entrinnen gab, da war sein Verhalten höchst abscheulich. Denn dass er so tat, als kenne er sie nicht; dass er so tat, als sei es erforderlich, ihre Kopfbedeckung zu betasten und sich weiter ihrer Identität zu versichern, indem er ihr einen gewissen Ring an den Finger steckte und ihr eine gewisse Kette um den Hals band, war schändlich, war ungeheuerlich! Als ein anderer das Amt der blinden Kuh ausübte und die beiden hinter den Vorhängen so vertraulich miteinander flüsterten, sagte sie ihm zweifellos ihre Meinung.

Scrooges Nichte spielte nicht mit bei Blindekuh, sondern machte es sich in einem großen Sessel und mit einem Fußschemel in einer behaglichen Ecke bequem, wo der Geist und Scrooge dicht hinter ihr standen. Am Pfänderspiel aber nahm sie teil, und sie liebte ihren Liebsten bewundernswert mit allen Buchstaben des Alphabets. Auch im Spiel »Wie, Wann und Wo« tat sie sich hervor, und zur heimlichen Freude von Scrooges Neffen schlug sie ihre Schwestern haushoch, obwohl auch diese schlaue Mädchen waren, wie Topper Ihnen hätte sagen können. Es mochten an die zwanzig Leute da gewesen sein, jung und alt, doch sie waren alle im Spiel vereint, ebenso Scrooge: Denn obgleich er bei all seinem Interesse an ihren Handlungen ganz vergaß, dass seine Stimme nicht an ihre Ohren drang, riet er manchmal laut mit und oft sogar ganz richtig. Denn die schärfste Nadel, von bester Whitechapel*-Qualität und mit der Garantie, an der Öse nicht zu brechen, war nicht schärfer als Scrooges Verstand, für wie stumpf er ihn auch hielt.

Der Geist war hocherfreut, ihn in dieser Stimmung vorzufinden, und sah ihn mit solcher Gunst an, dass Scrooge wie ein Knabe darum bat, bleiben zu dürfen, bis die Gäste aufbrächen. Doch das Wesen sagte, dies sei nicht möglich.

»Jetzt kommt ein neues Spiel«, sagte Scrooge. »Eine halbe Stunde nur, Wesen, nur eine halbe!«

Es war ein Spiel, das »Ja und Nein« hieß und bei dem Scrooges Neffe an etwas denken musste, und die anderen mussten herausfinden, woran. Er durfte ihre Fragen nur mit Ja oder Nein beantworten, je nachdem. Das muntere Kreuzfeuer an Fragen entlockte ihm, dass er an ein Tier dachte, an ein lebendes Tier, ein ziemlich unangenehmes Tier, ein wildes Tier, ein Tier, das manchmal murrte und knurrte, manchmal aber sprach und das in London lebte und in den Straßen umherlief und nicht zur Schau gestellt und von niemandem herumgeführt wurde und das nicht in einem Wanderzirkus lebte und nie auf einem Markt geschlachtet wurde und kein Pferd, kein Esel, keine Kuh, kein Stier, kein Tiger, kein Hund, kein Schwein, keine Katze und kein Bär war. Bei jeder neuen Frage, die ihm gestellt wurde, brach der Neffe erneut in schallendes Gelächter aus und amüsierte sich so unbeschreiblich, dass er vom Sofa aufstehen und mit den Füßen stampfen musste. Endlich rief die mollige Schwester, die in einen ähnlichen Zustand verfallen war:

»Ich hab's! Ich weiß, was es ist, Fred! Ich weiß, was es ist!«

»Und was ist es?«, rief Fred.

»Es ist dein Onkel Scro-o-o-o-oge!«

Und genau so war es. Allseits herrschte Bewunderung, obwohl einige einwandten, die Antwort auf die Frage »Ist es ein Bär?« hätte »Ja« lauten müssen, insofern die verneinende Antwort genügt hatte, um ihre Gedanken, falls sie jemals in diese Richtung tendiert hatten, von Mr Scrooge abzulenken.

»Ich bin sicher, er hat uns zu viel Spaß verholfen«, sagte Fred, »und es wäre undankbar, nicht auf sein Wohl anzustoßen. Hier, ein Glas Glühwein ist zur Hand, und ich sage: ›Auf Onkel Scrooge!‹«

»Nun denn! Auf Onkel Scrooge!«, riefen sie.

»Frohe Weihnachten und ein glückliches neues Jahr dem alten Mann, was immer er ist!«, sagte Scrooges Neffe. »Von mir würde er's ja nicht annehmen, aber er soll's trotzdem haben. Auf Onkel Scrooge!«

Unmerklich war Onkel Scrooge so heiter und vergnügt

geworden, dass er der nichtsahnenden Gesellschaft seinerseits zugetrunken und in einer unhörbaren Rede gedankt hätte, hätte der Geist ihm nur Zeit gelassen. Doch mit dem letzten Wort, das sein Neffe gesprochen hatte, verging die ganze Szene, und er und das Wesen machten sich wieder auf die Reise.

Sie sahen viel und reisten weit und suchten zahlreiche Häuser auf, doch stets mit glücklichem Ausgang. Der Geist stand an Krankenbetten, und die Kranken waren fröhlich; in fremden Ländern, und es war fast wie zu Hause; bei sich mühenden Menschen, und sie waren geduldig und voller Hoffnung; bei der Armut, und sie war reich. In Arbeitshaus, Krankenhaus und Gefängnis, an jedem Zufluchtsort des Elends, wo nicht der eitle Mensch mit seiner kurzlebigen Amtsgewalt die Tür verschlossen hatte und das Wesen aussperrte, hinterließ es seinen Segen und lehrte Scrooge seine Gebote.

Es war eine lange Nacht, falls es nur *eine* Nacht war; aber Scrooge hatte seine Zweifel, denn die Weihnachtsfeiertage schienen sich zu der kurzen Zeitspanne zu verdichten, die sie miteinander verbrachten. Auch war es sonderbar, dass Scrooge seiner äußeren Gestalt nach unverändert blieb, während der Geist gealtert, deutlich gealtert war. Scrooge hatte die Veränderung zwar bemerkt, aber erst darüber gesprochen, als sie eine Kindergesellschaft zum Dreikönigsabend verließen. Während sie so zusammen auf einem freien Platz standen und er den Geist betrachtete, fiel ihm auf, dass sein Haar ergraut war.

»Ist das Leben der Geister so kurz?«, fragte Scrooge.

»Mein Leben auf dieser Erde ist sehr kurz«, antwortete der Geist. »Es endet heute Nacht.«

»Heute Nacht?«, rief Scrooge.

»Heute Nacht um Mitternacht. Horch! Die Zeit rückt näher.«

In ebendiesem Augenblick läuteten die Glocken Viertel vor zwölf.

»Verzeih mir, wenn meine Frage nicht gerechtfertigt ist«, sagte Scrooge und musterte aufmerksam das Gewand des Wesens, »aber unter deinen Rockschößen sehe ich etwas Seltsames herausragen, das nicht zu dir zu gehören scheint. Ist es ein Fuß oder eine Klaue?«

»Es könnte eine Klaue sein, denn es ist Fleisch daran«, war die traurige Antwort des Wesens. »Schau her.«

Aus den Falten seines Gewandes holte es zwei Kinder hervor, elend, jämmerlich, scheußlich, grässlich, erbärmlich. Sie knieten nieder zu seinen Füßen und klammerten sich an die Außenseite seines Gewandes.

»O Mensch! Schau her. Schau, schau, hier unten!«, rief der Geist.

Es waren ein Junge und ein Mädchen. Bleich, mager, zerlumpt, grollend, wölfisch; aber auch unterwürfig in ihrer Demut. Wo graziöse Jugend ihre Züge hätte ausfüllen und mit den frischesten Farben versehen sollen, hatte eine verdorbene und verschrumpelte Hand, der des Alters gleich, sie ausgemergelt, zerknautscht und verwittert. Wo Engel hätten thronen sollen, lauerten Teufel und starrten bedrohlich. Keine Verwandlung, keine Entstellung, keine Entartung der Menschheit durch alle Mysterien der wunderbaren Schöpfung hindurch hatte Ungeheuer hervorgebracht, die auch nur halb so schrecklich und grauenvoll anzusehen waren.

Scrooge wich entsetzt zurück. Wie sie ihm so vorgezeigt wurden, wollte er sagen, es seien hübsche Kinder, doch die

Worte blieben ihm im Halse stecken, statt einer Lüge von so gewaltigen Ausmaßen Vorschub zu leisten.

»Wesen, sind das deine Kinder?« Mehr brachte Scrooge nicht heraus.

»Es sind Menschenkinder«, sprach das Wesen und blickte auf sie hinab. »Und sie klammern sich an mich, erheben Einspruch gegen ihre Väter. Der Junge ist die Ignoranz. Das Mädchen ist der Mangel. Hüte dich vor beiden und vor allen ihrer Art, besonders aber hüte dich vor dem Jungen, denn auf seiner Stirn sehe ich Verdammnis geschrieben, es sei denn, die Schrift wird wieder getilgt. Leugnet all das!«, rief das Wesen und streckte die Hand zur Stadt hin aus. »Verleumdet jene, die euch davon erzählen! Macht es für eure aufrührerischen Zwecke geltend und so nur noch schlimmer. Und macht euch bereit für das Ende!«*

»Finden sie keine Zuflucht, keinen Ausweg?«, rief Scrooge.

»Gibt es nicht Gefängnisse?«, sprach der Geist und wendete zum letzten Mal seine eigenen Worte gegen ihn. »Gibt es nicht Armenhäuser?«

Die Glocke schlug zwölf.

Scrooge blickte sich um nach dem Geist und sah ihn nicht. Als der letzte Glockenschlag verhallt war, erinnerte er sich an die Vorhersage des alten Jacob Marley. Er hob die Augen und erblickte ein ehrwürdiges Phantom in Umhang und Kapuze, das, wie ein Nebel über den Erdboden, ihm entgegenwallte.

Vierte Strophe

Das letzte der Wesen

Das Phantom näherte sich langsam, lautlos, ernst. Als es in seine Nähe kam, fiel Scrooge auf die Knie, denn bereits in der Luft, durch die es herbeikam, schien das Wesen rätselhafte Finsternis zu verbreiten.

Es war in ein tiefschwarzes Gewand gehüllt, das seinen Kopf, sein Gesicht, seine Gestalt verbarg und nichts von ihm erkennen ließ außer einer ausgestreckten Hand. Ohne diese wäre es schwierig gewesen, seine Gestalt aus der Nacht herauszulösen und sie von der Dunkelheit zu unterscheiden, die sie umgab.

Als es zu ihm trat, spürte Scrooge, dass es groß und stattlich war und dass seine geheimnisvolle Gegenwart ihn mit feierlicher Furcht erfüllte. Mehr wusste er nicht, denn weder sprach das Wesen noch bewegte es sich.

»Stehe ich vor dem Geist der kommenden Weihnacht?«, fragte Scrooge.

Das Wesen antwortete nicht, sondern zeigte mit der Hand geradeaus.

»Gleich wirst du mir die Schatten der Dinge zeigen, die noch nicht geschehen sind, aber in der Zeit geschehen werden, die vor uns liegt«, fuhr Scrooge fort. »Ist es so, Wesen?«

Einen Augenblick lang zog sich der obere Teil des Gewandes zu Falten zusammen, als habe der Geist den Kopf geneigt. Das war die einzige Antwort, die Scrooge erhielt.

Obwohl Scrooge gespenstische Gesellschaft mittlerweile gewohnt war, fürchtete er die stumme Gestalt so sehr, dass seine Beine zitterten, und als er sich anschickte, ihr zu folgen, stellte er fest, dass er kaum stehen konnte. Das Wesen hielt einen Moment inne, als bemerke es seine Verfassung und wolle ihm Zeit geben, sich zu erholen.

Doch dadurch fühlte Scrooge sich nur noch schlechter. Zu wissen, dass hinter dem düsteren Leichentuch gespenstische Augen auf ihn geheftet waren, während er, obgleich er die eigenen aufs Äußerste anstrengte, nichts als eine geisterhafte Hand und eine einzige große schwarze Masse ausmachen konnte, erfüllte ihn mit vagem, unbestimmtem Grauen.

»Geist der Zukunft!«, rief er aus. »Ich fürchte dich mehr als jedes andere Wesen, das ich gesehen habe. Da ich aber weiß, dass du die Absicht hast, mir Gutes zu tun, und da ich hoffe, als ein anderer Mensch zu leben als der, der ich war, bin ich bereit, dir Gesellschaft zu leisten, und tue es mit dankbarem Herzen. Willst du nicht zu mir sprechen?«

Das Wesen gab ihm keine Antwort. Seine Hand wies geradeaus.

»Führe mich!«, sagte Scrooge. »Führe mich! Die Nacht schwindet rasch, und für mich ist Zeit kostbar, ich weiß. Führe mich, Wesen!«

Das Phantom entfernte sich so, wie es auf ihn zugekommen war. Scrooge folgte dem Schatten seines Gewandes, der ihn, wie er vermeinte, stützte und davontrug.

Sie schienen die City nicht eigentlich zu betreten, vielmehr schien diese ringsumher in die Höhe zu schießen und sie aus eigenem Antrieb zu umstellen. Aber da waren sie, mitten in ihrem Herzen: auf der Börse, unter den Händlern, die hin und her eilten, mit dem Geld in ihren Taschen klimperten, sich in Grüppchen unterhielten, auf ihre Uhren schauten und nachdenklich an ihren großen goldenen

Siegeln nestelten und so weiter, wie Scrooge sie es oft hatte tun sehen.

Das Wesen blieb neben einem kleinen Knäuel von Geschäftsleuten stehen. Scrooge sah, dass die Hand auf sie deutete, und trat hinzu, um ihr Gespräch zu belauschen.

»Nein«, sagte ein großer, dicker Mann mit einem ungeheuren Kinn, »ich weiß nicht viel darüber, weder so noch so. Ich weiß nur, dass er tot ist.«

»Wann ist er gestorben?«, erkundigte sich ein anderer.

»Letzte Nacht, glaube ich.«

»Was hat ihm gefehlt?«, fragte ein Dritter und entnahm einer sehr großen Schnupftabakdose eine große Prise Schnupftabak. »Ich dachte, er würde niemals sterben.«

»Weiß Gott«, sagte der Erste mit einem Gähnen.

»Was hat er mit seinem Geld gemacht?«, fragte ein rotgesichtiger Gentleman mit einem herabhängenden Auswuchs an der Nasenspitze, der wie der Kehllappen eines Truthahns zitterte.

»Ich habe nichts gehört«, sagte der Mann mit dem großen Kinn und gähnte abermals. »Vielleicht hat er es seiner Firma vermacht. *Mir* hat er es jedenfalls nicht vermacht. Das ist alles, was ich weiß.«

Der Scherz wurde mit allgemeinem Gelächter quittiert.

»Es wird wohl ein sehr billiges Begräbnis werden«, sagte derselbe Sprecher, »denn ich wüsste beim besten Willen niemanden, der hingehen wird. Vielleicht sollten wir eine Gruppe bilden und uns freiwillig hergeben?«

»Ich habe nichts dagegen, wenn ein Mittagessen dabei herausspringt«, bemerkte der Gentleman mit dem Auswuchs an der Nase. »Aber wenn ich mitmachen soll, muss ich verpflegt werden.«

Wieder Gelächter.

»Nun, ich bin der Uneigennützigste von Ihnen«, sagte der erste Sprecher, »denn ich trage nie schwarze Handschuhe, und ich esse nie zu Mittag. Aber wenn sich noch andere finden, erbiete ich mich an, mitzukommen. Wenn ich es mir recht überlege, bin ich mir nicht sicher, ob ich nicht sein vertrautester Freund war, denn immer, wenn wir einander begegneten, sind wir stehen geblieben und haben uns unterhalten. Auf Wiedersehen!«

Sprecher und Zuhörer schlenderten davon und mischten sich unter andere Gruppen. Scrooge kannte die Männer und sah den Geist an, um eine Erklärung zu erhalten.

Das Phantom glitt in eine Straße. Sein Finger wies auf zwei Personen, die sich begegneten. Wieder lauschte Scrooge in der Hoffnung, eine Erklärung zu finden.

Auch diese Männer kannte er sehr gut. Es waren Geschäftsleute, äußerst wohlhabend und von großer Bedeutung. Er hatte stets darauf geachtet, in ihren Augen etwas zu gelten; und zwar in geschäftlicher Hinsicht, ausschließlich in geschäftlicher Hinsicht.

»Wie geht es Ihnen?«, sagte der eine.

»Wie geht es *Ihnen*?«, erwiderte der andere.

»Gut!«, sagte der Erste. »Der alte Geizkragen hat endlich bekommen, was ihm zusteht, was?«

»Habe davon gehört«, erwiderte der Zweite. »Kalt, nicht wahr?«

»Der Weihnachtszeit entsprechend. Ein Schlittschuhläufer sind Sie wohl nicht?«

»Nein. Nein. Muss an andere Dinge denken. Einen schönen Tag noch!«

Kein weiteres Wort. Das war ihre Begegnung, ihre Unterhaltung, ihre Verabschiedung.

Anfangs war Scrooge etwas überrascht, dass der Geist derart trivialen Gesprächen so viel Gewicht beizumessen schien, doch da er sicher war, dass sie einen verborgenen Sinn haben mussten, überlegte er, worin dieser wohl bestehen mochte. Es war kaum anzunehmen, dass sie etwas mit dem Tod Jacobs, seines alten Partners, zu tun hatten, denn der gehörte der Vergangenheit an, und der Machtbereich dieses Geistes war ja die Zukunft. Auch fiel ihm niemand ein, der unmittelbar mit ihm selbst zu tun hatte, auf den er sie hätte beziehen können. Aber er bezweifelte nicht, dass sie, auf wen sie sich auch beziehen mochten, eine verborgene Nutzanwendung zu seiner Läuterung enthielten, und so beschloss er, jedes Wort, das er hörte, und alles, was er sah, im Gedächtnis zu bewahren und ganz besonders seinen eigenen Schatten im Auge zu behalten, sobald dieser sich zeigte. Denn er erwartete, das Verhalten seines zukünftigen Ichs werde ihm den Hinweis geben, der ihm bislang entgangen war, und die Lösung dieser Rätsel erleichtern.

Noch am selben Ort sah er sich nach seinem Ebenbild um; doch in seiner gewohnten Ecke stand ein anderer Mann, und obwohl die Uhr die Tageszeit anzeigte, zu der er sich dort aufzuhalten pflegte, erblickte er unter den vielen Menschen, die durch das Portal strömten, kein Abbild seiner selbst. Aber das verwunderte ihn nicht weiter, denn in Gedanken war er bereits mit einer Veränderung seines Lebenswandels befasst und glaubte und hoffte, seine neuen Vorsätze nunmehr verwirklicht zu sehen.

Neben ihm stand das Phantom, reglos und düster, mit ausgestreckter Hand. Als er sich aus seinen Gedanken herausriss, glaubte er der Drehung der Hand und ihrer Position bezüglich seiner selbst entnehmen zu können, dass die unsichtbaren Augen ihn durchdringend anblickten. Ein Schauder durchlief ihn, und es fröstelte ihn sehr.

Sie verließen die geschäftige Szene und begaben sich in einen düsteren Teil der Stadt, den Scrooge noch nie zuvor betreten hatte; sein Zustand und sein schlechter Ruf aber waren ihm durchaus bekannt. Die Straßen waren schmutzig und eng, die Läden und Häuser ärmlich, die Menschen halb nackt, betrunken, verwahrlost und hässlich. Als wären sie Kloaken, spien Gassen und Torwege ihre Ärgernisse an Gestank, Unrat und Leben auf die verwinkelten Straßen, und das ganze Viertel roch nach Verbrechen, Elend und Dreck.

Unter dem niedrigen Dach eines Anbaus inmitten dieses verrufenen Quartiers ragte ein billiger Altwarenladen in die Gasse, in dem Eisen, Lumpen, Flaschen, Knochen und schmierige Fleischabfälle verkauft wurden. Auf dem Fußboden stapelten sich Haufen rostiger Schlüssel, Nägel, Ketten, Scharniere, Feilen, Waagen, Gewichte und Alteisen aller Art. In Bergen unansehnlicher Lumpen, Unmengen verdorbenen Fetts und ganzen Beinhäusern von Knochen wurden Geheimnisse herangezüchtet und verborgen, denen nur wenige Menschen näher auf den Grund gehen würden. Inmitten der Waren, mit denen er handelte, saß an einem aus alten Ziegeln gemauerten Holzkohleofen ein grauhaariger Gauner von fast siebzig Jahren, der sich vor der Kälte draußen mit einem an einer Leine aufgehängten schäbigen Vorhang aus allerlei Fetzen geschützt hatte und im Vollgenuss stiller Zurückgezogenheit seine Pfeife schmauchte.

Scrooge und das Phantom befanden sich eben in Gegenwart dieses Mannes, als sich eine Frau mit einem schweren Bündel in den Laden stahl. Kaum aber war sie eingetreten, als auch schon eine zweite, ähnlich beladene Frau hereinkam, dicht gefolgt von einem Mann in verblichenem Schwarz, der beim Anblick der beiden Frauen nicht weniger erschrak, als diese beim Erkennen der jeweils anderen erschrocken waren. Nach einigen Augenblicken sprachlosen Erstaunens, an dem auch der alte Mann mit der Pfeife teilhatte, brachen alle drei in Gelächter aus.

»Lass die Putzfrau die Erste sein!«, rief diejenige, die zuerst eingetreten war. »Lass die Waschfrau die Zweite sein, und lass den Gehilfen des Leichenbestatters den Dritten sein. Schau her, alter Joe, was für ein glücklicher Zufall! Sind wir nicht alle drei hier zusammengetroffen, ohne es zu wollen!«

»Ihr hättet an keinem besseren Ort zusammentreffen können«, sagte der alte Joe und nahm die Pfeife aus dem Mund. »Immer hereinspaziert in die gute Stube. Du hast schon lange freien Zutritt, das weißt du, und die anderen beiden sind auch keine Fremden. Wartet, bis ich die Ladentür geschlossen habe. Ach, wie sie quietscht! Ich glaube, es gibt kein Stück Metall im Laden, das so verrostet ist wie die Scharniere – und ich bin sicher, es gibt hier keine Knochen, die so alt sind wie meine. Ha, ha! Wir alle eignen uns für unser Gewerbe, wir passen gut zusammen. Immer hereinspaziert. Immer hereinspaziert.«

Die gute Stube war der Raum hinter dem Lumpenvorhang. Mit einer alten Teppichläuferstange harkte der alte

Mann das Feuer zusammen, und nachdem er mit dem Pfeifenstiel den Docht seiner qualmenden Öllampe gestutzt hatte (denn es war Abend), steckte er die Pfeife wieder in den Mund.

Indessen warf die Frau, die gesprochen hatte, ihr Bündel zu Boden, setzte sich herausfordernd auf einen Hocker, stützte die Ellbogen auf die Knie und blickte mit frechem Trotz die beiden anderen an.

»Was macht das schon! Was macht das schon, Mrs Dilber?«, sagte die Frau. »Jeder Mensch hat das Recht, für sich selbst zu sorgen. *Er* hat es immer getan.«

»Das ist freilich wahr!«, sagte die Waschfrau. »Keiner mehr als *er*.«

»Dann starren Sie mich nicht so an, als hätten Sie Angst, Frau. Niemand wird je davon erfahren. Wir werden uns schon nicht gegenseitig die Augen aushacken.«

»Nein, natürlich nicht!«, sagten Mrs Dilber und der Mann wie aus einem Mund. »Das wollen wir nicht hoffen.«

»Nun gut!«, rief die Frau. »Genug davon. Wem schadet es schon, wenn ein paar dieser Sachen abhandenkommen? Doch wohl nicht einem Toten.«

»Nein, natürlich nicht«, sagte Mrs Dilber lachend.

»Hätte er sie nach seinem Tod noch behalten wollen, der böse alte Geizhund«, fuhr die Frau fort, »warum war er dann nicht zu Lebzeiten menschlich? Dann hätte er jemanden gehabt, der sich um ihn gekümmert hätte, als ihn der Tod ereilte, statt ganz allein dazuliegen und sein Leben auszuhauchen.«

»Das wahrste Wort, das je gesprochen wurde«, sagte Mrs Dilber. »Es ist die Strafe Gottes.«

»Ich wünschte, die Strafe wäre etwas härter ausgefallen«,

erwiderte die Frau, »und das wäre sie auch, wenn ich mehr in die Finger gekriegt hätte, darauf können Sie Gift nehmen. Mach das Bündel auf, alter Joe, und sag mir, was es wert ist. Heraus mit der Sprache! Ich fürchte mich nicht davor, die Erste zu sein, auch nicht davor, dass die anderen es sehen. Ich denke, wir wussten recht gut, dass wir uns bedienen würden, bevor wir hier zusammentrafen. Es ist keine Sünde. Mach das Bündel auf, Joe.«

Doch das ließ die Galanterie ihrer Freunde nicht zu, und der Mann in verblichenem Schwarz sprang als Erster in die Bresche und zeigte *seine* Beute vor. Sie war nicht sehr umfangreich. Ein oder zwei Siegel, ein Griffelkasten, ein Paar Manschettenknöpfe und eine Brosche ohne großen Wert – das war alles. Der alte Joe begutachtete und schätzte die einzelnen Posten, schrieb die Summe, die er für jedes Stück zu zahlen bereit war, mit Kreide an die Wand, und als er feststellte, dass nichts mehr zu holen war, rechnete er alles zusammen.

»Das ist Ihr Gewinn«, sagte Joe. »Ich würde keine weiteren Sixpence hergeben, selbst wenn ich bei lebendigem Leibe gesiedet würde. Wer kommt als Nächstes?«

Mrs Dilber war die Nächste. Bettlaken und Handtücher, einige Kleidungsstücke, zwei altmodische silberne Teelöffel, eine Zuckerzange und ein paar Stiefel. Ihr Gewinn wurde in derselben Manier an die Wand geschrieben.

»Damen zahle ich immer zu viel. Das ist eine Schwäche von mir, und auf diese Weise ruiniere ich mich«, sagte der alte Joe. »Das ist Ihr Gewinn. Wenn Sie mich nach einem weiteren Penny fragen, und es soll eine offene Frage sein, werde ich es bereuen, so freigebig gewesen zu sein, und eine halbe Krone abziehen.«

»Und jetzt mach *mein* Bündel auf, Joe«, sagte die erste Frau.

Joe kniete nieder, um das Bündel bequemer öffnen zu können, und nachdem er eine Menge Knoten gelöst hatte, holte er eine große und schwere Rolle dunklen Stoff hervor.

»Was soll denn das sein?«, fragte Joe. »Bettvorhänge?«

»Ah!«, erwiderte die Frau lachend und stützte sich auf ihre verschränkten Arme. »Bettvorhänge!«

»Willst du damit sagen, du hast sie mitsamt den Ringen und allem abgenommen, während er noch im Bett lag?«, fragte Joe.

»Ja doch«, antwortete die Frau. »Warum denn nicht?«

»Du bist dazu geboren, dein Glück zu machen«, sagte Joe, »und das wirst du auch.«

»Wenn ich die Hand bloß auszustrecken brauche, um etwas in die Finger zu kriegen, werde ich sie gewiss nicht zurückziehen, nicht einem solchen Mann zuliebe, wie der einer war, das kann ich dir versprechen, Joe«, erwiderte die Frau kühl. »Und lass nicht das Öl auf die Decken tropfen.«

»Seine Decken?«, fragte Joe.

»Wem sollen sie sonst gehören?«, entgegnete die Frau. »Er wird auch ohne sie nicht frieren, behaupte ich.«

»Ich hoffe, er ist an nichts Ansteckendem gestorben? Oder?«, fragte der alte Joe, hielt in seiner Arbeit inne und blickte auf.

»Da brauchst du keine Angst zu haben«, antwortete die Frau. »An seiner Gesellschaft ist mir nicht so viel gelegen, dass ich mich in seiner Nähe aufhalten würde, falls er an so was gestorben ist. Du kannst durch das Hemd hindurchgucken, bis dir die Augen wehtun; du wirst kein Loch darin finden und auch keine fadenscheinige Stelle. Es ist das beste

Hemd, das er besaß, und ein schönes noch dazu. Wenn ich nicht gewesen wäre, hätten sie's vergeudet.«

»Was meinst du mit ›vergeudet‹?«, fragte der alte Joe.

»Sie hätten's ihm angezogen, um ihn darin zu begraben, natürlich«, antwortete die Frau lachend. »Jemand war so töricht, es zu tun, aber ich hab's ihm wieder ausgezogen. Wenn Baumwolle für einen solchen Zweck nicht taugt, taugt sie für gar nichts. Einer Leiche steht sie genauso gut. Hässlicher als in dem Hemd da kann er gar nicht aussehen.«

Scrooge hörte den Dialog mit Grausen. Als sie in dem spärlichen Lampenlicht des alten Mannes um ihre Beute versammelt saßen, betrachtete er sie mit einem Abscheu und einem Ekel, der nicht größer hätte sein können, wenn sie scheußliche Dämonen gewesen wären, die sogar die Leiche selbst zum Verkauf anboten.

»Ha, ha!«, lachte dieselbe Frau, als der alte Joe einen flanellenen Geldbeutel hervorholte und auf dem Fußboden den jeweiligen Gewinn abzählte. »Das ist das Ende, seht ihr! Solange er lebte, hat er alle vergrault, damit wir davon profitieren, wenn er tot ist! Ha, ha, ha!«

»Wesen!«, sagte Scrooge, von Kopf bis Fuß zitternd. »Ich begreife, ich begreife. Der Fall dieses unglücklichen Mannes könnte mein eigener sein. Mein Leben bewegt sich in diese Richtung. Gütiger Himmel, was ist das?«

Entsetzt fuhr er zurück, denn die Szene hatte gewechselt, und nun konnte er fast ein Bett berühren: ein kahles Bett ohne Vorhänge, auf dem unter einem zerschlissenen Laken ein verhülltes Etwas lag, das sich, wenngleich stumm, in grauenerregender Sprache ankündigte.

Das Zimmer war sehr dunkel, zu dunkel, um Einzelheiten erkennen zu können, obwohl sich Scrooge, einem geheimen Impuls gehorchend, genau umschaute, weil er wissen wollte, um was für ein Zimmer es sich handelte. Ein fahler Lichtschein, der draußen in der Luft aufstieg, fiel geradewegs auf das Bett, und auf diesem lag, bestohlen und beraubt, unbeachtet, unbewacht und unbeweint, der Leichnam eines Mannes.

Scrooge blickte zu dem Phantom. Dessen reglose Hand wies auf den Kopf der Leiche. Das Laken war so nachlässig ausgebreitet – hätte Scrooge einen Finger gerührt, um es auch nur leicht anzuheben, das Gesicht wäre enthüllt worden. Er spielte mit dem Gedanken, es zu tun, spürte, dass es ein Leichtes wäre, es zu tun, und sehnte sich danach, es zu tun, aber er hatte ebenso wenig die Kraft, den Schleier zurückzuziehen, wie die Spukgestalt an seiner Seite fortzuschicken.

O kalter, kalter, starrer, entsetzlicher Tod, errichte hier deinen Altar und schmücke ihn mit allen Schrecken, die dir zu Gebote stehen, denn dies ist dein Herrschaftsbereich! Dem geliebten, verehrten und geachteten Haupt aber kannst du kein Härchen krümmen zu deinen furchtbaren Zwecken, keinen Gesichtszug kannst du entstellen. Nicht weil die Hand schwer ist und herabsinkt, wenn man sie loslässt; nicht weil Herz und Puls stillstehen; sondern weil die Hand geöffnet, freigebig und wahrhaftig *war*, das Herz unerschrocken, warm und zärtlich und der Puls der eines Menschen. Stoß zu, Schatten, stoß zu! Und siehe, wie seine guten Taten aus der Wunde quellen und in der Welt unsterbliches Leben aussäen!

Keine Stimme flüsterte Scrooge diese Worte ins Ohr, und doch vernahm er sie, als er auf das Bett hinabblickte. Er dachte: Könnte dieser Mann von den Toten auferweckt werden, was wäre sein erster Gedanke? Habgier, Gewinnsucht, quälende Sorgen? Die haben ihm wahrlich ein schönes Ende beschert!

Der Leichnam lag in dem dunklen, leeren Haus ohne einen Mann, ohne eine Frau, ohne ein Kind, die hätten sagen können: »In diesem oder jenem war er freundlich zu mir, und zur Erinnerung an *ein* freundliches Wort werde ich freundlich zu ihm sein.« Eine Katze kratzte an der Tür, und unter der Kaminplatte hörte man Ratten nagen. Was *sie* in dem Gemach des Todes zu suchen hatten und weshalb sie so rastlos und unruhig waren, wagte Scrooge nicht auszudenken.

»Wesen!«, sagte er. »Dies ist ein fürchterlicher Ort. Wenn ich ihn verlasse, werde ich seine Lehre nicht vergessen, glaube mir. Lass uns gehen!«

Noch immer wies der Geist mit reglosem Finger auf den Kopf der Leiche.

»Ich verstehe dich«, erwiderte Scrooge, »und ich würde es tun, wenn ich könnte. Aber ich habe nicht die Kraft dazu, Wesen. Ich habe nicht die Kraft dazu.«

Wieder schien ihn der Geist anzublicken.

»Wenn es einen Menschen in der Stadt gibt, dem der Tod dieses Mannes Gefühle entlockt«, sagte Scrooge verzweifelt, »so zeige mir diesen Menschen, Wesen, ich flehe dich an!«

Einen Augenblick lang breitete die Erscheinung ihr dunkles Gewand wie eine Schwinge vor ihm aus, und als sie es wieder wegzog, ließ sie ihn ein taghelles Zimmer sehen, in dem sich eine Mutter mit ihren Kindern befand.

Sie erwartete jemanden, und zwar mit ängstlicher Ungeduld, denn sie ging im Zimmer auf und ab; erschrak bei jedem Geräusch; schaute aus dem Fenster, blickte auf die Uhr, versuchte sich vergebens an Nadelarbeit und konnte die Stimmen der spielenden Kinder kaum ertragen.

Endlich hörte man das lang ersehnte Klopfen. Sie eilte zur Tür, und vor ihr stand ihr Ehemann: ein Mann, dessen Gesicht, obwohl er noch jung war, vergrämt und niedergeschlagen wirkte. Jetzt aber zeigte sich darin ein bemerkenswerter Ausdruck, eine Art ernster Freude, derer er sich schämte und die er zu unterdrücken suchte.

Er setzte sich zum Abendessen nieder, das am Kamin für ihn aufgehoben worden war; und als sie ihn leise fragte, was für Neuigkeiten er bringe (was erst nach langem Schweigen geschah), schien er um eine Antwort verlegen.

»Sind es gute oder schlechte?«, fragte sie, um ihm zu helfen.

»Schlechte«, antwortete er.

»Sind wir ganz ruiniert?«

»Nein. Noch gibt es Hoffnung, Caroline.«

»Wenn *er* sich erweichen lässt«, sagte sie erstaunt, »dann ja! Wenn ein solches Wunder geschieht, ist nichts hoffnungslos.«

»Er kann sich nicht mehr erweichen lassen«, sagte ihr Mann. »Er ist tot.«

Falls ihr Gesicht die Wahrheit verriet, so war sie ein mildes und geduldiges Geschöpf, doch in ihrem tiefsten Innern war sie dankbar für die Neuigkeit und sprach es aus mit gefalteten Händen. Schon im nächsten Augenblick aber empfand sie Reue und bat Gott um Vergebung; allerdings war das, was sie zuerst empfunden hatte, die Gefühlsäußerung ihres Herzens.

»Was die halb betrunkene Frau, von der ich dir gestern

Abend erzählte, zu mir sagte, als ich ihn sprechen und eine Woche Aufschub erwirken wollte – und was ich für eine billige Ausrede hielt, um mir aus dem Weg zu gehen –, hat sich als wahr erwiesen. Nicht nur war er schwerkrank, er lag bereits im Sterben.«

»An wen werden unsere Schulden übergehen?«

»Ich weiß es nicht. Aber bis dahin werden wir das Geld beisammen haben; und sollte es uns nicht gelingen, wäre es ausgesprochenes Pech, wenn sein Erbe ein ebenso unbarmherziger Gläubiger wäre wie er. Heute Nacht können wir beruhigter schlafen, Caroline!«

Ja, mochten sie es auch beschönigen, ihnen war leichter ums Herz. Die Gesichter der Kinder, die sich stumm um sie scharten, um zu hören, wovon sie so wenig verstanden, erhellten sich; und dem Tod des Mannes sei Dank war das Haus ein glücklicheres! Die einzige Gefühlsregung, die das Ereignis ausgelöst hatte und auf die der Geist verweisen konnte, war Freude.

»Wesen, lass mich etwas Zärtlichkeit sehen, die für einen Toten empfunden wird«, sagte Scrooge, »oder das düstere Zimmer, das wir eben verlassen haben, wird mir für immer vor Augen stehen.«

Der Geist führte ihn durch mehrere ihm vertraute Straßen, und während sie so gingen, suchte Scrooge hier und da nach sich selbst, aber er war nirgends zu sehen. Sie betraten das Häuschen des armen Bob Cratchit, jene Behausung, die er schon einmal aufgesucht hatte, und fanden Mutter und Kinder um den Kamin versammelt.

Still. Sehr still. Die sonst so lärmenden kleinen Cratchits saßen in einer Ecke stumm wie Statuen und schauten zu Peter auf, der ein Buch vor sich hatte. Die Mutter und ihre

Töchter waren mit Nähen beschäftigt. Aber auch sie waren ganz still!

»›Und er nahm ein Kindlein und stellte es mitten unter sie.‹«

Wo hatte Scrooge diese Worte gehört? Er hatte sie nicht geträumt. Der Junge musste sie vorgelesen haben, als er und der Geist die Schwelle überschritten. Warum las er nicht weiter?

Die Mutter legte ihre Näharbeit auf den Tisch und hielt sich die Hand vors Gesicht.

»Die Farbe tut mir in den Augen weh«, sagte sie.

Die Farbe? Ach, der arme Tiny Tim!

»Jetzt geht's schon wieder besser«, sagte Cratchits Frau. »Bei Kerzenlicht werden sie müde, und um nichts in der Welt würde ich deinem Vater gerötete Augen zeigen, wenn er nach Hause kommt. Bald wird er hier sein.«

»Eher später«, antwortete Peter und schlug sein Buch zu. »Ich glaube, in letzter Zeit geht er etwas langsamer als gewöhnlich, Mutter.«

Wieder waren sie ganz still. Schließlich sagte sie mit fester, heiterer Stimme, die nur einmal ins Stocken geriet:

»Ich habe ihn schon mit – ich habe ihn mit Tiny Tim auf den Schultern galoppieren sehen, und zwar sehr schnell.«

»Ich auch«, rief Peter. »Oft.«

»Ich auch«, rief jemand anderes aus. Alle hatten ihn gesehen.

»Aber der war ja auch kein Gewicht«, fuhr sie fort, auf ihre Arbeit konzentriert, »und sein Vater liebte ihn so sehr, dass es ihm keine Mühe machte, keine Mühe. Da ist euer Vater ja schon an der Tür!«

Sie eilte ihm entgegen; und der kleine Bob mit seinem

Wollschal – er hatte ihn wirklich nötig, der arme Kerl! – kam herein. Auf dem Herd stand sein Abendessen bereit, und alle wetteiferten darum, ihn zu bedienen. Dann kletterten die beiden jungen Cratchits auf seine Knie und schmiegten sich, jedes Kind mit einer kleinen Wange, an sein Gesicht, als wollten sie sagen: »Mach dir nichts draus, Vater. Gräme dich nicht!«

Bob war sehr fröhlich mit ihnen und sprach freundlich zur ganzen Familie. Er betrachtete die Näherei auf dem Tisch und lobte Mrs Cratchits und der Mädchen Fleiß und Schnelligkeit. Sie würden lange vor Sonntag fertig werden, meinte er.

»Sonntag! Bist du heute also hingegangen, Robert?«, fragte seine Frau.

»Ja, meine Liebe«, erwiderte Bob. »Ich wünschte, du wärst mitgekommen. Es hätte dir gutgetan, zu sehen, wie grün es dort ist. Aber du wirst es ja noch oft genug sehen. Ich habe versprochen, jeden Sonntag zu ihm hinauszugehen. Mein kleines, kleines Kind!«, rief Bob. »Mein kleines Kind!«

Mit einem Mal brach er zusammen. Er konnte es nicht verhindern. Hätte er es verhindern können, wären er und sein Kind vielleicht noch viel weiter voneinander getrennt gewesen.

Er verließ das Zimmer und ging nach oben in einen Raum, der hell erleuchtet und weihnachtlich geschmückt war. Dicht neben dem Kind stand ein Stuhl, und es gab Anzeichen, dass sich dort erst kürzlich jemand aufgehalten hatte. Der arme Bob setzte sich, und als er sich ein wenig besonnen und wieder gefasst hatte, küsste er das kleine Gesicht. Er war versöhnt mit dem, was geschehen war, und recht froh ging er wieder nach unten.

Sie setzten sich vor den Kamin und unterhielten sich, während die Mädchen und die Mutter weiternähten. Bob erzählte ihnen von der außerordentlichen Freundlichkeit von Mr Scrooges Neffen, dem er erst ein Mal begegnet war und der, als er ihn an diesem Tag auf der Straße traf und sah, dass er ein wenig – Bob sagte: »ein wenig niedergeschlagen« – wirkte, sich danach erkundigte, was sich denn zugetragen habe, dass er so bedrückt sei. »Daraufhin«, sagte Bob, »denn er ist der höflichste Gentleman, den ihr je habt reden hören, sagte ich es ihm. ›Mein herzliches Beileid, Mr Cratchit‹, sagte er, ›mein herzliches Beileid Ihnen und Ihrer lieben Frau.‹ Übrigens, woher er *das* wusste, ich habe keine Ahnung.«

»Woher er was wusste, mein Lieber?«

»Nun, dass du eine liebe Frau bist«, erwiderte Bob.

»Das wissen doch alle!«, sagte Peter.

»Sehr gut beobachtet, mein Junge!«, rief Bob. »Ich hoffe, sie wissen es. ›Herzliches Beileid‹, sagte er, ›Ihnen und Ihrer lieben Frau. Wenn ich Ihnen in irgendeiner Weise behilflich sein kann‹, sagte er und reichte mir seine Karte, ›ich wohne hier. Bitte kommen Sie einfach zu mir.‹ Das war wirklich reizend von ihm«, rief Bob, »nicht weil er vielleicht irgendetwas für uns tun könnte, sondern wegen seiner freundlichen Art. Es hatte fast den Anschein, als hätte er unseren Tiny Tim gekannt und fühlte mit uns.«

»Ich bin mir sicher, er ist eine Seele von Mensch!«, sagte Mrs Cratchit.

»Du wärst dir noch sicherer, meine Liebe«, entgegnete Bob, »wenn du ihn sehen und mit ihm sprechen würdest. Es würde mich nicht wundern – merke dir meine Worte –, wenn er Peter zu einer besseren Anstellung verhelfen würde.«

»Hör dir das an, Peter«, sagte Mrs Cratchit.

»Und dann«, rief eines der Mädchen, »wird Peter jemandem den Hof machen und einen eigenen Hausstand gründen.«

»Ach, sei still!«, erwiderte Peter grinsend.

»Sehr wahrscheinlich«, sagte Bob, »irgendwann einmal; aber das hat noch viel Zeit, mein Lieber. Aber wie und wann wir auch auseinandergehen, ich bin sicher, keiner von uns wird je den armen Tiny Tim vergessen – oder diesen ersten Abschied, den es bei uns gegeben hat, nicht wahr?«

»Niemals, Vater!«, riefen sie alle.

»Und ich weiß«, sagte Bob, »ich weiß, meine Lieben, wenn wir uns daran erinnern, wie geduldig und wie mildgestimmt er war, obwohl nur ein kleines, kleines Kind, werden wir nicht so leicht miteinander in Streit geraten und dabei den armen Tiny Tim vergessen.«

»Nein, niemals, Vater!«, riefen sie alle wieder.

»Das macht mich sehr glücklich«, sagte der kleine Bob, »das macht mich sehr, sehr glücklich!«

Mrs Cratchit küsste ihn, seine Töchter küssten ihn, die beiden jungen Cratchits küssten ihn, und Peter und er gaben sich die Hand. Du Seele von Tiny Tim, deine kindliche Natur war von Gott!

»Geist«, sagte Scrooge, »etwas sagt mir, dass die Stunde des Abschieds naht. Ich weiß es, aber ich weiß nicht, wie. Sage mir, wer jener Mann war, den wir auf dem Totenbett sahen.«

Wie zuvor – wenn auch, wie ihn dünkte, zu einer anderen Zeit; in der Tat schien bei diesen letzten Visionen keinerlei zetliche Reihenfolge zu herrschen, außer dass sie in der Zukunft lagen –, wie zuvor führte ihn der Geist der kommenden Weihnacht zu den Treffpunkten der Geschäftsleute, zeigte ihm aber nicht ihn selbst. Überhaupt verharrte das Wesen nirgendwo lange, sondern schwebte immer weiter, wie auf das gewünschte Ziel zuhaltend, bis Scrooge ihn bat, einen Augenblick zu verweilen.

»Der Hof«, sagte Scrooge, »durch den wir gerade hasten, ist mein Arbeitsplatz, und zwar schon seit langer Zeit. Ich kann das Haus sehen. Lass mich schauen, was ich in den kommenden Tagen sein werde!«

Das Wesen hielt inne, seine Hand wies woanders hin.

»Das Haus ist dort drüben«, rief Scrooge aus. »Warum zeigst du in die andere Richtung?«

Der unerbittliche Finger regte sich nicht.

Scrooge eilte zum Fenster seines Büros und blickte hinein. Es war noch immer ein Büro, aber nicht das seinige. Das Mobiliar war nicht dasselbe und die Gestalt auf dem Stuhl nicht er selbst. Das Phantom wies noch immer in dieselbe Richtung.

Er gesellte sich wieder zu ihm, und obwohl er sich fragte, wohin sie gingen und warum, begleitete er es bis zu einem eisernen Tor. Bevor er eintrat, blieb er stehen und sah sich um.

Ein Kirchhof. Hier also lag der Unglückliche, dessen Namen er nun erfahren sollte, unter der Erde. Ein würdiger Ort. Ummauert von Häusern, überwuchert von Gräsern und Unkraut, dem Wachstum der Vegetation des Todes, nicht des Lebens, verstopft von zu vielen Leichen, fett von immer wieder gesättigter Gier. Ein würdiger Ort!

Das Wesen stand inmitten der Gräber und zeigte auf eines davon. Schaudernd ging Scrooge darauf zu. Das Phantom war zwar ganz so wie zuvor, doch er fürchtete, seiner düsteren Gestalt eine neue Bedeutung entnehmen zu müssen.

»Bevor ich mich dem Grabstein nähere, auf den du zeigst«, sagte Scrooge, »beantworte mir eine Frage. Sind dies die Schatten der Dinge, die sein *werden*, oder sind es nur die Schatten der Dinge, die sein *können*?«

Noch immer deutete der Geist auf das Grab, neben dem er stand.

»Die Wege der Menschen lassen bestimmte Ziele erahnen, zu denen sie führen müssen, wenn man ihnen unbeirrt folgt«, sagte Scrooge. »Doch wenn man vom Weg abweicht, ändert sich das Ziel. Sag, dass es sich mit dem, was du mir zeigst, auch so verhält!«

Das Wesen war reglos wie immer.

Zitternd schlich Scrooge auf das verwahrloste Grab zu, und als er dem Finger folgte, las er auf dem Grabstein seinen eigenen Namen: EBENEZER SCROOGE.

»Bin *ich* jener Mann, der auf dem Totenbett lag?«, rief er und sank auf die Knie.

Der Finger zeigte von dem Grab auf ihn und wieder zurück.

»Nein, Wesen! Ach nein, nein!«

Der Finger war noch immer da.

»Geist!«, rief er und umklammerte sein Gewand. »Höre mich an! Ich bin nicht mehr der Mensch, der ich war. Ich will nicht mehr der Mensch sein, der ich ohne deine Heimsuchung hätte sein müssen. Warum zeigst du mir all das, wenn es keine Hoffnung mehr für mich gibt?«

Zum ersten Mal schien die Hand zu zittern.

»Guter Geist«, fuhr er fort und fiel vor ihm zu Boden. »Deine Natur setzt sich für mich ein und bemitleidet mich.

Schenke mir die Gewissheit, dass ich die Schatten, die du mir gezeigt hast, durch einen neuen Lebenswandel noch verändern kann!«

Die gütige Hand zitterte.

»Ich will Weihnachten in meinem Herzen ehren und versuchen, es das ganze Jahr hindurch so zu halten. Ich will leben in Vergangenheit, Gegenwart und Zukunft. Die Geister aller drei sollen in mir wetteifern. Ich will mich ihren Lehren nicht verschließen. Ach, sage mir, dass ich die Inschrift auf dem Grabstein löschen darf!«

In seiner Qual ergriff er die gespenstische Hand. Sie suchte sich zu entziehen, doch er war stark in seinem Flehen und hielt sie fest. Das Wesen, noch stärker, stieß ihn zurück.

Als er, um sein Schicksal abzuwenden, die Hände zu einem letzten Gebet hob, nahm er an Kapuze und Umhang des Phantoms eine Veränderung wahr. Es schwand, fiel in sich zusammen und schrumpfte zu einem Bettpfosten.

Fünfte Strophe

Das Ende vom Lied

Ja!, und der Bettpfosten war seiner. Das Bett war seins, das Zimmer war seins. Und das Beste und Erfreulichste von allem: Die Zeit, die vor ihm lag, gehörte ganz ihm, um alles wiedergutzumachen!

»Ich werde leben in Vergangenheit, Gegenwart und Zukunft!«, wiederholte Scrooge, als er aus dem Bett kletterte. »Die Geister aller drei werden in mir wetteifern. O Jacob Marley! Der Himmel und die Weihnachtszeit seien gepriesen! Ich sage es auf meinen Knien, alter Jacob, auf meinen Knien!«

Er war so aufgewühlt und glühte nur so vor lauter guten Vorsätzen, dass seine gebrochene Stimme seinem Ruf kaum folgen konnte. Bei seinem Kampf mit dem Wesen hatte er heftig geschluchzt, sodass sein Gesicht nun nass von Tränen war.

»Sie sind nicht heruntergerissen«, rief Scrooge und raffte einen der Bettvorhänge in seinen Armen zusammen, »sie sind nicht heruntergerissen, ebenso wenig die Ringe und auch sonst nichts. Sie sind hier – ich bin hier – die Schatten der Dinge, die gewesen wären, können vertrieben werden. Sie werden vertrieben werden. Ich weiß es!«

Die ganze Zeit über waren seine Hände mit seinen Kleidungsstücken beschäftigt: Er wendete sie um, zog sie verkehrt herum an, riss sie ein, verlegte sie und machte sie zum Schauplatz aller möglichen Verrenkungen.

»Ich weiß nicht, was ich tun soll!«, rief Scrooge, lachte und weinte im gleichen Atemzug, und mit seinen Strümpfen machte er einen wahren Laokoon* aus sich. »Ich bin leicht wie eine Feder, ich bin glücklich wie ein Engel, ich bin fröhlich wie ein Schulbub. Ich bin ausgelassen wie ein Betrunkener. Allen frohe Weihnachten! Der ganzen Welt ein glückliches neues Jahr! Hallo da! Juhu! Hallo!«

Er war in die Wohnstube gesprungen und stand nun völlig außer Atem da.

»Das ist der Topf, in dem die Hafergrütze war!«, rief Scrooge, indem er wieder losstürzte und um den Kamin herumging. »Das ist die Tür, durch die Jacob Marleys Geist kam! Das ist die Ecke, wo der Geist der gegenwärtigen Weihnacht saß! Das ist das Fenster, durch das ich die schwebenden Phantome sah! Es stimmt, es ist wahr, das alles ist geschehen. Ha, ha, ha!«

Wirklich, für einen Mann, der seit so vielen Jahren aus der Übung war, war es ein herrliches Lachen, ein äußerst erhabenes Lachen. Stammvater einer langen, langen Reihe glanzvollen Lachens!

»Ich weiß nicht, welcher Tag im Monat heute ist!«, sagte Scrooge. »Ich weiß nicht, wie lange ich unter den Geistern geweilt habe. Ich weiß gar nichts. Ich bin ein kleines Kind. Aber das macht nichts. Es ist mir gleich. Lieber bin ich ein kleines Kind. Hallo! Juhu! Hallo da!«

Sein Freudentaumel wurde von den Kirchenglocken unterbrochen, die das kräftigste Geläut erschallen ließen, das er je gehört hatte: Kling, klang, Klöppel; bim, bam, Glocke. Glocke, bam, bim; Klöppel, klang, kling! Ach, herrlich, herrlich!

Er rannte zum Fenster, öffnete es und steckte den Kopf hinaus. Kein Nebel, kein Dunst; klar, hell, heiter, mitreißend, kalt – eine solche Kälte, dass sie dem Blut zum Tanz aufspielte – goldenes Sonnenlicht, ein himmlischer Himmel, süße frische Luft, fröhliche Glocken. Ach, herrlich! Herrlich!

»Was für ein Tag ist heute?«, rief Scrooge, rief es einem Jungen in Sonntagskleidern zu, der unten herumtrödelte, vielleicht um sich ein wenig umzusehen.

»Eh?«, erwiderte der Junge höchlichst verwundert.

»Was für ein Tag ist heute, mein feiner Kerl?«, fragte Scrooge.

»Heute?«, antwortete der Junge. »CHRISTTAG natürlich.«

»Heute ist Christtag!«, sagte Scrooge zu sich selbst. »Ich habe ihn nicht verpasst. Die Wesen haben alles in einer Nacht getan. Sie können tun, was immer sie wollen. Natürlich können sie das. Natürlich können sie das. Hallo, mein feiner Kerl!«

»Hallo!«, erwiderte der Junge.

»Kennst du den Geflügelhändler in der übernächsten Straße, den an der Ecke?«, erkundigte sich Scrooge.

»Das will ich doch hoffen«, antwortete der Junge.

»Ein intelligenter Junge!«, sagte Scrooge. »Ein bemerkenswerter Junge! Weißt du, ob sie den prämierten Truthahn, der da hing, verkauft haben? Nicht den kleinen prämierten Truthahn – den großen?!

»Was, den, der so groß ist wie ich?«, erwiderte der Junge.

»Was für ein entzückender Junge!«, sagte Scrooge. »Es ist ein Vergnügen, mit ihm zu reden. Jawohl, junger Mann!«

»Der hängt noch da«, antwortete der Junge.

»Wirklich?«, sagte Scrooge. »Geh und kauf ihn.«

»Blödsinn!«, rief der Junge.

»Nein, nein«, sagte Scrooge, »ich meine es ernst. Geh und kauf ihn und sag ihnen, sie sollen ihn herschaffen, damit ich ihnen sagen kann, wo sie ihn hinbringen sollen. Komm mit dem Gehilfen zurück, und ich gebe dir einen Schilling. Komm in weniger als fünf Minuten mit ihm zurück, und ich gebe dir eine halbe Krone!«

Schnell wie ein Pistolenschuss war der Junge auf und davon. Wer einen Schuss auch nur halb so schnell abfeuern wollte, musste eine ruhige Hand am Abzug haben.

»Ich lasse ihn Bob Cratchit schicken«, flüsterte Scrooge, rieb sich die Hände und schüttelte sich vor Lachen. »Er soll nicht wissen, wer ihn schickt. Er ist zweimal so groß wie Tiny Tim. Ich lasse ihn Bob schicken – so einen Streich hat nicht einmal Joe Miller* gespielt!«

Seine Hand zitterte, als er die Adresse aufschrieb, aber irgendwie gelang es ihm doch, und er ging nach unten, um die Haustür zu öffnen, bereit für die Ankunft des Gehilfen. Wie er so dastand und auf sein Kommen wartete, fiel sein Blick auf den Türklopfer.

»Ich werde ihn lieben, solange ich lebe«, rief Scrooge und streichelte ihn. »Früher habe ich ihn kaum angeschaut. Was für einen ehrlichen Gesichtsausdruck er hat! Ein wunderbarer Türklopfer – da ist ja der Truthahn! Hallo! Juhu! Wie geht's? Frohe Weihnachten!«

Und *was* für ein Truthahn! Niemals hätte er auf seinen zwei Beinen stehen können, der Vogel. Die wären im Nu zerbrochen wie Stangen Siegelwachs.

»Den kann man unmöglich bis nach Camden Town schleppen«, sagte Scrooge. »Sie müssen sich eine Droschke nehmen.«

Das Kichern, mit dem er das sagte, und das Kichern, mit dem er für den Truthahn zahlte, und das Kichern, mit dem er für die Droschke zahlte, und das Kichern, mit dem er den Jungen entlohnte, wurde nur noch von dem Gekicher übertroffen, mit dem er sich, ganz außer Atem, wieder in seinen Sessel setzte, wo er kicherte, bis ihm die Tränen kamen.

Rasieren war keine leichte Aufgabe, denn noch immer zitterte seine Hand sehr stark, und Rasieren erfordert Aufmerksamkeit, selbst wenn man dabei keinen Tanz vollführt. Aber wenn er sich die Nasenspitze abgeschnitten hätte, so hätte er ein Stück Heftpflaster darübergeklebt und wäre es auch zufrieden gewesen.

Er zog seinen besten Anzug an, und schließlich trat er hinaus auf die Straße. Um diese Zeit strömten die Leute nur so aus den Häusern, wie er es zusammen mit dem Geist der gegenwärtigen Weihnacht gesehen hatte; und Scrooge, der mit auf dem Rücken verschränkten Händen einherging, musterte jeden mit einem erfreuten Lächeln. Kurzum – er wirkte so unwiderstehlich liebenswürdig, dass drei oder vier gutgelaunte Zeitgenossen zu ihm sagten: »Guten Morgen, Sir! Frohe Weihnachten!« Und hinterher würde Scrooge oft sagen, dass von allen lieblichen Klängen, die er je gehört habe, diese in seinen Ohren die lieblichsten gewesen seien.

Er war nicht weit gegangen, als er den wohlbeleibten Gentleman, der tags zuvor in sein Kontor getreten war und gesagt hatte: »Scrooge & Marley, wenn ich nicht irre?«, auf sich zukommen sah. Der Gedanke, wie dieser alte Gentleman ihn ansehen würde, wenn sie einander gleich begegneten, versetzte ihm einen Stich ins Herz; aber er wusste, welcher Weg vor ihm lag, und er ging ihn.

»Mein lieber Sir«, sagte Scrooge, beschleunigte seine Schritte und ergriff beide Hände des alten Gentlemans.

»Wie geht es Ihnen? Ich hoffe, Sie hatten gestern Erfolg. Es war sehr freundlich von Ihnen. Ich wünsche Ihnen frohe Weihnachten, Sir!«

»Mr Scrooge?«

»Ja«, sagte Scrooge. »Das ist mein Name, und ich fürchte, er klingt nicht angenehm in Ihren Ohren. Gestatten Sie, dass ich Sie um Verzeihung bitte. Und werden Sie die Güte haben –«, und hier flüsterte Scrooge ihm etwas ins Ohr.

»Du lieber Himmel!«, rief der Gentleman, als würde es ihm den Atem verschlagen. »Mein lieber Mr Scrooge, ist das Ihr Ernst?«

»Wenn es Ihnen recht ist«, sagte Scrooge. »Nicht einen Penny weniger. Darin sind viele Rückzahlungen enthalten, das versichere ich Ihnen. Würden Sie mir den Gefallen tun?«

»Mein lieber Sir«, sagte der andere und schüttelte ihm die Hand. »Ich weiß nicht, was ich zu so viel Groß–«

»Bitte, sagen Sie gar nichts«, erwiderte Scrooge. »Kommen Sie mich besuchen. Werden Sie mich besuchen kommen?«

»Das werde ich!«, rief der alte Gentleman. Und es war klar, dass er es wirklich vorhatte.

»Ich danke Ihnen«, sagte Scrooge. »Ich bin Ihnen sehr verbunden. Ich danke Ihnen fünfzigmal. Gott segne Sie!«

Er ging in die Kirche und schlenderte durch die Straßen, beobachtete die Leute, die hin und her eilten, und tätschelte Kindern den Kopf und befragte Bettler und schaute hinab in die Küchen und hinauf zu den Fenstern der Häuser und stellte fest, dass all das ihm Freude bereitete. Nie hätte er sich träumen lassen, dass ein Spaziergang – dass irgendetwas – ihn so glücklich machen könnte.

Am Nachmittag lenkte er seine Schritte zum Haus seines Neffen.

Ein Dutzend Mal ging er daran vorbei, bevor er den Mut aufbrachte, zur Tür zu gehen und anzuklopfen. Dann aber stürzte er auf sie zu und tat es.

»Ist dein Herr zu Hause, meine Liebe?«, fragte Scrooge das Mädchen. Ein nettes Mädchen! Sehr nett.

»Jawohl, Sir.«

»Wo ist er, meine Liebe?«, fragte Scrooge.

»Er ist im Speisezimmer, Sir, zusammen mit der Herrin. Ich führe Sie hinauf, wenn Sie erlauben.«

»Danke. Er kennt mich«, sagte Scrooge und hatte die Hand schon am Griff der Speisezimmertür. »Ich gehe hinein, meine Liebe.«

Behutsam drückte er die Klinke nieder und steckte den Kopf zur Tür hinein. Man sah den Tisch, der prächtig gedeckt war – denn in solchen Dingen sind junge Leute immer sehr unsicher und wollen, dass alles seine rechte Ordnung hat.

»Fred!«, sagte Scrooge.

Du liebe Zeit, wie seine angeheiratete Nichte da erschrak! Einen Moment lang hatte Scrooge ganz vergessen, dass sie mit dem Fußschemel in der Ecke saß, sonst hätte er auf keinen Fall so laut gerufen.

»Ach, du meine Güte!«, rief Fred. »Wer ist denn das?«

»Ich bin's. Dein Onkel Scrooge. Ich komme zum Essen. Lässt du mich herein, Fred?«

Ihn hereinlassen! Er hatte Glück, dass Fred ihm nicht den Arm abriss. Binnen fünf Minuten fühlte Scrooge sich ganz zu Hause. Nichts hätte herzlicher sein können. Seine Nichte verhielt sich genauso. Topper auch, als *er* kam. Die mollige Schwester auch, als *sie* kam. Und alle anderen auch, als *sie* kamen. Wundervolle Gesellschaft, wundervolle Spiele, wundervolle Eintracht, wun-der-voll-es Glück!

Am nächsten Morgen aber war er früh im Büro. Oh, sehr früh. Wenn er nur als Erster da sein und Bob Cratchit beim Zuspätkommen ertappen könnte! Das war es, was er sich in den Kopf gesetzt hatte.

Und er tat es; ja, er tat es! Die Uhr schlug neun. Kein Bob. Viertel nach. Kein Bob. Er kam volle achtzehneinhalb Minuten zu spät. Scrooge saß bei weit geöffneter Tür da, damit er ihn sehen konnte, wenn er sein Kabuff betrat.

Bob hatte seinen Hut abgesetzt, noch ehe er die Tür öffnete; seinen Wollschal ebenso. Im Nu saß er auf seinem Bürostuhl und jagte mit seiner Feder über das Papier, als versuche er, neun Uhr wieder einzuholen.

»Hallo!«, knurrte Scrooge mit seiner gewohnten Stimme, so gut er sie eben verstellen konnte. »Was fällt Ihnen ein, um diese Tageszeit hierherzukommen?«

»Es tut mir sehr leid, Sir«, sagte Bob. »Ich *habe* mich verspätet.«

»Verspätet?«, wiederholte Scrooge. »Ja, ich glaube schon. Hier entlang, Sir, wenn ich bitten darf.«

»Es passiert nur einmal im Jahr, Sir«, flehte Bob und trat aus seinem Kabuff. »Es soll nicht wieder vorkommen. Ich habe gestern ziemlich gefeiert, Sir.«

»Nun, ich will Ihnen was sagen, mein Freund«, sagte Scrooge, »ich werde ein solches Verhalten nicht länger dulden. Und deshalb«, fuhr er fort, sprang von seinem Bürostuhl auf und versetzte Bob einen solchen Stoß gegen die Weste, dass dieser in sein Kabuff zurücktaumelte, »und deshalb werde ich Ihr Gehalt erhöhen!«

Bob zitterte und rückte etwas näher an das Lineal heran. Einen Augenblick lang verspürte er den Drang, Scrooge damit niederzuschlagen, ihn festzuhalten und die Leute im Hof um Hilfe zu rufen – und um eine Zwangsjacke.

»Frohe Weihnachten, Bob!«, sagte Scrooge mit unverkennbarem Ernst und klopfte ihm auf den Rücken. »Frohere Weihnachten, Bob, mein guter Freund, als ich sie Ihnen viele Jahre lang vergönnt habe! Ich werde Ihr Gehalt erhöhen und mich bemühen, Ihre notleidende Familie zu unterstützen, und noch heute Nachmittag werden wir Ihre Angelegenheiten bei einer Schale warmem Gewürzwein besprechen, Bob! Schüren Sie die Feuer und kaufen Sie sich einen neuen Kohlenkasten, bevor Sie auch nur einen weiteren i-Punkt setzen, Bob Cratchit!«

Scrooge hielt sein Wort und ging sogar darüber hinaus. Er tat alles und noch viel mehr; und Tiny Tim, der *nicht* starb, war er ein zweiter Vater. Er wurde ein so guter Freund, ein so guter Arbeitgeber und ein so guter Mensch, wie es ihn in der guten alten City oder jeder anderen guten alten Stadt oder Gemeinde auf der guten alten Welt nur geben konnte. Einige Leute lachten, als sie die Veränderung an ihm bemerkten; er aber ließ sie lachen und achtete ihrer kaum, denn er war klug genug, um zu wissen, dass auf dieser Erde nichts Gutes geschieht, worüber einige Leute zu Beginn nicht herzlich lachen; und da er wusste, dass solche Leute ohnehin blind bleiben, fand er es besser, dass sie Falten vom Lachen bekamen, als dass ihr Leiden sich in einer weniger anziehenden Form ausdrückte. Sein eigenes Herz aber lachte, und das war ihm genug.

Er pflegte keinen weiteren Umgang mit Geistern, sondern lebte fortan nach dem Prinzip völliger Abstinenz*;

und stets wurde von ihm gesagt, wenn überhaupt ein Mensch auf dieser Welt Weihnachten zu feiern verstehe, dann er. Möge dies auch von uns gesagt werden, von uns allen! Und so, wie Tiny Tim sagte: Gott segne uns, einen jeden von uns!

Zu dieser Ausgabe

Die Übersetzung folgt der Ausgabe:

Charles Dickens: A Christmas Carol in Prose. Being A Ghost Story of Christmas, London: Chapman & Hall, 1843.

Anmerkungen

12,3 *Kontor:* Büro, Geschäftszimmer.

14,4 *Plumpudding:* traditioneller englischer Weihnachtskuchen mit viel Trockenobst, Nüssen und üblicherweise Rindernierenfett, der flambiert aufgetragen wird.

15,16 *Schlund:* gemeint ist der Höllenschlund.

17,17 *Tretmühle:* eine der Zwangsarbeiten für Menschen in Arbeitshäusern. Dort mussten häufig Kranke, Behinderte und Waisen arbeiten, um dem Hungertod zu entgehen.

17,17 *Armengesetz:* englisches Gesetz im 18. Jahrhundert, das jedem Bürger eine auf das Minimum beschränkte Grundsicherung zugestand. Potenziell arbeitsfähige Arme mussten dafür aber unter grausamen Bedingungen in Arbeitshäusern schuften.

18,13 f. *den Bevölkerungsüberschuss verringern:* Dickens spielt auf Thomas Malthus' Lehre vom Bevölkerungsüberschuss an. Sein *Essay on the Principle of Population erschien* 1798.

19,31–20,1 *der brave heilige Dunstan:* Erzbischof Dunstan von Canterbury (909–988) hatte zahlreichen Legenden zufolge so manche Auseinandersetzung mit dem Teufel und soll ihm etwa mit einer glühenden Zange in die Nase gezwickt haben.

21,19 *Camden Town:* Stadtteil im Nordwesten Londons.

23,31 *schlechtes neues Parlamentsgesetz:* ironischer Hinweis auf die Lückenhaftigkeit von Gesetzen, die mitunter so groß sei, dass sogar eine Kutsche hindurchpassen würde.

37,4–7 *»Drei Tage nach Sicht dieses Primawechsels ... eine bloße US-Staatsanleihe geworden:* Ein Primawechsel, also die Erstausfertigung eines Wertpapiers, kam mit einer dreitägigen Gnadenfrist für die Zahlung daher. Gäbe es allerdings keine Tage, die man abzählen könnte – Scrooges Befürchtung –, dann wäre das Papier wertlos: Und zwar ähnlich wertlos wie in den Augen Dickens' eine US-amerikanische Staatsanleihe zur damaligen Wirtschaftskrise.

44,21 f. *Valentin mit seinem wilden Bruder Namelos:* mittelniederdeutscher Versroman über zwei Zwillingsbrüder, überliefert in zwei Handschriften aus dem 15. Jahrhundert. Bekannter ist die von

Dickens angeführte englische Bearbeitung desselben Stoffes unter dem Titel *Valentin and Orson.*

47,7 *Master:* höfliche Anrede für einen Jungen oder Jugendlichen, besonders in schulischen Zusammenhängen.

51,10 *Pfänderspiele:* Das Pfänderspiel bezeichnet ein in England beliebtes Gesellschaftsspiel: Jemandem wird ein Buchstabe genannt, z. B. »A«. Dieser muss antworten: »Ich liebe meinen Schatz mit A, denn er ist anmutig, artig, aufmerksam, …« Wer nicht weiterweiß, muss ein Pfand geben, welches zu einem späteren Zeitpunkt wieder eingelöst werden kann, etwa durch eine kleinere körperliche oder verbale Mutprobe.

51,13 *Mince Pies:* traditionelles englisches Weihnachtsgebäck, meist aus Mürbeteig und mit Teigdeckel, gefüllt mit getrockneten Früchten und gehackten Nüssen (*mincemeat*).

51,18 *Sir Roger de Coverley:* bekannter englischer und schottischer Kontratanz aus dem 17. Jahrhundert.

66,15 f. *Mistelzweig:* Einem englischen Brauch aus dem 18. Jahrhundert zufolge darf man eine junge Frau küssen, der man in der Weihnachtszeit unter einem Mistelzweig begegnet.

69,17 f. *die Geschäfte am siebenten Tage zu schließen:* Dickens meint die in England übliche engherzige Handhabung der Sonntagsruhe.

88,16 *Whitechapel:* Londoner Vorstadt, seit Mitte des 18. Jahrhunderts bekannt für die Fertigung hochwertiger Nadeln.

92,5–15 *»Es sind Menschenkinder … Und macht euch bereit für das Ende!«:* Dieser Absatz lässt sich als scharfe Kritik an der Ignoranz der Gesellschaft lesen, die zuließ, dass Kinder in Armut und ohne Bildung leben mussten.

116,1 *Laokoon:* Priester aus der griechischen und römischen Mythologie, der als Strafe der Götter durch zwei Schlangen getötet wurde. Eine römische Marmorskulptur aus dem 1. Jahrhundert vor oder nach Christus zeigt den schmerzverzerrten Laokoon im Kampf mit den Schlangen.

118,12 *Joe Miller:* 1684–1738, englischer Schauspieler und Humorist, Namensgeber des Witzbuchs *Joe Miller's Jests*, das 1739 postum erschien.

123,31 *Prinzip völliger Abstinenz:* Wortspiel im englischen Original mit *spirits*, das sowohl ›Spirituosen‹ als auch ›Geister‹ bzw. ›Wesen‹ bedeuten kann. Gemeint ist hier, dass ein guter Christ eigentlich keine Geister anrufen soll.

Zeittafel

1812 Am 7. Februar wird Charles John Huffam Dickens als zweites von acht Kindern des Marineschreibers John Dickens und dessen Ehefrau Elizabeth in Landport bei Portsmouth geboren.

1815 Umzug der Familie nach London, später nach Kent.

1822 Endgültiger Umzug nach London.

1824 Wegen hoher Schulden wird der Vater ins Schuldgefängnis gebracht; die Mutter zieht mit sieben Kindern ebenfalls ins Gefängnis. Nur Charles lebt außerhalb, um Geld zu verdienen – mit anderen Kindern arbeitet er in einer Lagerhalle für Schuhpolitur. Ein regelmäßiger Schulbesuch ist nicht mehr möglich. Noch im selben Jahr wird der Vater allerdings entlassen, und Dickens kann den Schulbesuch wieder aufnehmen.

1827 Dickens wird als Schreiber bei einem Rechtsanwalt angestellt.

1829 Anstellung als Parlamentsstenograph.

1831 Arbeit bei verschiedenen Zeitungen; schließlich wird Dickens Journalist für den *Morning Chronicle*.

1833–36 *Sketches by Boz*, eine Reihe von Erzählungen, erscheint unter dem Pseudonym Boz in mehreren Zeitungen.

1836 Heirat mit Catherine Hogarth. Das Ehepaar bekommt insgesamt zehn Kinder. Bis 1837 erscheinen in monatlichen Heften die *Pickwick Papers* (dt.: *Die Pickwickier*).

1837–39 *Oliver Twist* erscheint als Fortsetzungsroman (deutsche Erstübersetzung 1838).

1838–39 *Nicholas Nickleby* (Roman). Dickens wird Herausgeber der liberalen Tageszeitung *Daily News*.

1842 Lesereise in den USA und Kanada, wo er mit seinen Werken mittlerweile große Erfolge feiert.

1843 *American Notes* (dt.: *Aufzeichnungen aus Amerika 1842*); *A Christmas Carol* (dt.: *Eine Weihnachtsgeschichte*), eine der berühmtesten und meistadaptierten Weihnachtsgeschichten aller Zeiten.

1844–45 Reise nach Italien.

1846–48 *Dombey and Son* (dt.: *Dombey und Sohn*) erscheint als Fortsetzungsroman.

1849–50 *David Copperfield* (Roman).

1852–53 *Bleak House* (Roman).

1856 Erwerb des Landsitzes Gad's Hill Place in Rochester.

1858 Trennung von seiner Ehefrau (eine formale Scheidung war zu dieser Zeit gesellschaftlich verpönt und deshalb nicht möglich). Dickens behält neun der zehn Kinder bei sich, um die sich seine Schwägerin Georgina Hogarth kümmert. Dickens beginnt eine Beziehung zu der Schauspielerin Ellen Ternan, die bis zu seinem Tod andauert.

1859 *A Tale of Two Cities* (dt.: *Eine Geschichte aus zwei Städten*, Roman).

1860–61 *Great Expectations* (dt.: *Große Erwartungen*, Roman).

1865 Am 9. Juli übersteht Dickens auf dem Rückweg

von Paris einen schweren Eisenbahnunfall körperlich unversehrt. Das Ereignis beschäftigt ihn aber noch jahrelang. Die Gruselgeschichte *The Signal-Man* stellt einen Versuch dar, das Erlebte zu verarbeiten.

1867 Erneute Lesereise durch Nordamerika; gesundheitlich ist Dickens bereits angeschlagen.

1869 Lesereise durch England; während eines Auftritts erleidet er einen Schlaganfall, die Tour wird abgebrochen und Anfang des nächsten Jahres nachgeholt.

1870 *The Mystery of Edwin Drood* (dt.: *Das Geheimnis des Edwin Drood*), sein letzter Roman, bleibt unvollendet. Am 9. Juni stirbt Dickens auf seinem Landsitz an einem erneuten Schlaganfall. Fünf Tage später wird er, gegen seinen ausdrücklichen Wunsch eines schlichten Begräbnisses, in der Westminster Abbey beigesetzt. Schon seit Jahren war Dickens der meistgelesene Autor Großbritanniens und weltberühmt gewesen. Dieser Ruhm bleibt bis heute bestehen – viele seiner Werke gehören zu den meistverfilmten und -adaptierten Werken der englischen Literatur.

Inhalt